A **AUTOPRODUÇÃO** MUSICAL

Téo Ruiz

A **AUTOPRODUÇÃO** MUSICAL

realização   incentivo

Projeto realizado com o apoio da Prefeitura Municipal de Curitiba, Fundação Cultural de Curitiba, Fundo Municipal da Cultura – Programa de Apoio e Incentivo à Cultura.

Copyright © 2015 > **Téo Ruiz**
Copyright © desta edição > **Editora Iluminuras Ltda.**
Produção executiva > **Téo Ruiz** (sim, além de escrever também fiz essa parte como era de se esperar)
Assistente de pesquisa, fotos da capa e miolo > **Estrela Leminski**
Orientação > **Heloisa Valente**
Revisão ortográfica e gramatical > **Janice Alcoforado e Hardy Guedes**
Design Gráfico > **Marco Mazzarotto**

CIP-BRASIL. CATALOGAÇÃO NA PUBLICAÇÃO
SINDICATO NACIONAL DOS EDITORES, RJ

R884a

Ruiz, Téo
A autoprodução musical / Téo Ruiz. – 1. ed. – São Paulo : Iluminuras, 2015.
176 p. : il.

Inclui bibliografia
ISBN 978-857321-489-5

1. Artes – Brasil. 2. Música – Brasil. 3. Brasil – Política cultural. I. Título.

15-28492

CDD: 700.981
CDU: 78(81)

2015
Editora Iluminuras Ltda
Rua Inácio Pereira da Rocha, 389
05432-011 - São Paulo - SP - Brasil
Tel./Fax: 55 11 3031-6161
iluminuras@iluminuras.com.br
www.iluminuras.com.br

*A Itamar Assumpção, Luiz Tatit, Mulheres
Negras, minha Estrela e meus filhos...
Cada um do seu jeito, me fizeram abrir os
olhos para uma parte desse mar.*

AGRADECIMENTOS

Sempre há muitas pessoas a agradecer, e não caberiam todas em uma folha de papel. Algumas delas, todavia, não poderiam deixar de ser lembradas. ■ Agradeço aos parceiros e amigos **Makely Ka**, **Bernardo Bravo**, **André Machado, Ulysses Galleto** e **Grace Torres**, pelas conversas, curtos-circuitos e fios desencapados. ■ **Samuel Leon**, por abraçar essa ideia. ■ **Maurício Pereira**, pelas palavras e pela inspiração, que pra mim veio muito desse cara desde que mergulhei na surpresa e depois fui pra Marte... ■ **Estrela Leminski**, pelas fotos, pela cumplicidade, pela vida e parceria e por todos os frutos que temos juntos... Sempre... ■ A todos que participaram dessa trajetória e deste projeto, amigos que não foram citados aqui, mas que também moram dentro de mim.

SUMÁRIO

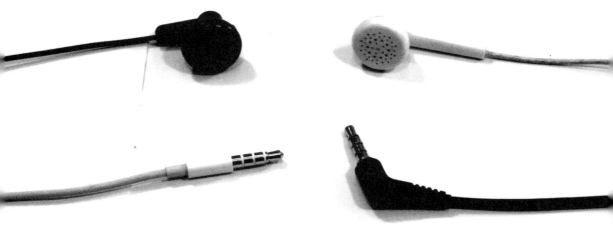

Prefácio, **11**

Da capo... Traçando a rota, **17**

#01 Navegando pelas águas da indústria da música no Brasil, **29**

#02 Direcionando o navio em meio à tormenta da reconfiguração, **57**
Indústria da Música x Indústria Fonográfica, **59**
Crise ou reconfiguração?, **62**
Desenvolvimentos tecnológicos, **67**
Fortalecimento de outras estruturas de produção, **69**
Mudança de foco dos consumidores, **73**
Pirataria, **77**
Internet e a Revolução Digital, **82**

#03 Marujos, alçar as velas musicais!, **89**

... Al fine – Terra à vista! Terra à vista?, **121**

Notas dos capítulos, **131**

Referências bibliográficas, **153**

PREFÁCIO

PREFÁCIO

EU DEMOREI PRA ENTENDER que era um cantautor. Eu demorei pra entender que eu era um produtor. E, em consequência, demorei pra entender a importância dessas coisas no exercício da minha carreira e mesmo a importância do meu trabalho – pequena que seja, pro coletivo, trabalhando dessa maneira, tentando juntar essas coisas quase "injuntáveis": a racionalidade do produtor e a loucura do artista.

A rigor, eu nem sabia o que era isso ou mesmo que eu já era isso. Comecei em meados dos anos 80 do século passado. N'Os Mulheres Negras, eu até compunha muita coisa, mas o principal ali era o *performer*, o ator, o *clown*, o roteirista. O Mulheres era um grupo pirata, a gente armava a própria infra, cuidava dos *shows*; mesmo sendo uma banda mambembe, feito um circo de ciganos, a gente tinha um rigor danado: técnico de som, de luz (com um desenho e uma operação sofisticados), os *shows* tinham roteiro, direção, conceito. A coisa mais maluca é que o Mulheres tinha esse DNA irreverente mas, abrindo o capô, você via que tinha preocupações com a exatidão com que mandava a nossa mensagem. Com formatos de *show*, de disco, das canções, a maneira de gravar e, claro, a maneira de sobreviver no *business* de música. Nossa ideia, ali no fim dos anos 80 do século 20, era entrar na indústria e, ao mesmo tempo, tentar preservar a liberdade de criar e comandar a nossa carreira, como a gente bem entendesse. Com rigor, a gente era possesso (e ainda é um bocado nas carreiras solo). A gente sabia que era marginal no mercado, mas a ideia era meter o pé na porta da indústria, manter a porta aberta. Até porque muitos dos nossos ídolos, influência, caras que filosoficamente ajudaram a botar o mundo de cabeça pra baixo vieram da indústria: pra mim, o Hendrix e o Caetano Veloso eram caras que questionavam o mundo, propunham novidade. E estavam na indústria, nas *majors*, no rádio, na televisão. Então, na minha cabeça, o *showbiz* comportava a transgressão tranquilamente. E, no Mulheres, eu pensava assim: cavar espaço na indústria e comércio sem perder a ternura, pra falar como o "Che" Guevara. Ou "*pret-a-porter* de tafetá", como diria o Aldir Blanc. Ou "luxo para todos", como diria o Caetano Veloso.

Essa escola do Mulheres me fez não ter medo de ser radicalmente *indie*, de lutar ferrenhamente pela minha liberdade de expressão poética mas, ao mesmo tempo, não ter medo de negociar com as corporações. Em suma, achar o possível: ser o máximo poeta e o máximo sabão em pó na prateleira do supermercado, sem perder a alma.

Acho mesmo que isso era possível, até o começo dos 90. Depois, a coisa virou. A grande mídia fechou as portas pra quem pensasse diferente, o jabá recrudesceu. Ao mesmo tempo, começaram a aparecer pequenos selos e estúdios trazendo artistas de qualidade poética e fonográfica, grandes CDs em pequenas tiragens, pessoas buscando alternativas pra distribuir os pequenos produtores.

Nos 90, eu vi que não tinha espaço pra meu trabalho solo. Até cheguei a negociar com *majors* pra lançar lá, imaginei que elas iam negociar com as *indies*, afinal, a indústria precisa de novidade, seja estética, seja de prática comercial. Mas, pra minha surpresa, elas foram pra a defensiva, se mostraram claramente uma "velha ordem", reacionária pelo lado político, burra (desculpe usar uma palavra tão pouco científica, mas a palavra é exatamente essa). A queda das *majors*, nos 90, e a ascenção do mp3, do *peer to peer*, dos *sites* de moleques quebrando monopólios. Eu acho que essa queda, claro, tem muito a ver com a chegada de novas tecnologias que permitiam gravar e distribuir discos dum jeito mais livre e mais barato. Mas, muito mais que isso, acho que a queda das *majors* e do "velho regime" tem muito mais a ver com incompetência, com a falta de visão de que, se eles negociassem com a molecada que tava chegando, isso iria irrigar a indústria fonográfica, ia ser bom pra todo mundo. Mas não, eles preferiram falar em pirataria... E, cá entre nós, só tem pirata onde tem monopólio. E, novamente, cá entre nós, quebrar monopólios é nosso dever de cidadãos, né? De modo que eu usei Napster, Audio Galaxy, Emule, LimeWire e o escambau intensamente, fosse pra obter música, fosse pra disponibilizar as minhas. Achava uma atitude política, de resistência.

Por outro lado, como eu sempre me preocupei com a remuneração do trabalho de músico, disponibilizar música de graça sempre foi um dilema pra mim. Eu queria que meus parceiros, o selo, o editor, o cara do estúdio, o produtor, os músicos..., queria que todos ganhassem a sua parte.

A banda larga (que permitiu baixar música e ouvi-la em *streaming*) e os programas de gravação digital, que permitem que você grave em casa com qualidade e distribua mundo afora – grátis ou não), isso mudou tudo.

Aí vem uma parte ruim desse processo todo. Às vezes, eu tenho a sensação que a gente quebrou monopólios de distribuição, de veiculação, de detenção de direitos e, ao mesmo tempo em que a gente teve liberdade, a gente começou a produzir música numa tal quantidade, a preços tão baixos, que a gente destruiu (pelo menos por ora, nesse momento de *reconfiguração*, como diz tão bem o Téo) o valor agregado da canção. E eu vejo esses mega *sites* de *streaming* chegando ao

Brasil com 40 milhões de arquivos, e pagando R$ 0,01 por execução. Se isso acontecesse nos anos 80, por mais questionável e não transparente que fosse o método do ECAD, a gente metia a boca no trombone. Agora, a gente ganha um centavo e parece que tá tudo bem...

Os tempos modernos não são nada fáceis pro trabalho intelectual se remunerar. Isso vale pro jornalismo, pra tevê, pra arte gráfica, pra literatura... Imagino que, com o tempo, a qualidade do trabalho vai diferenciar gente que tem o que dizer, de gente que tá virando celebridade de um segundo e faturando em cima. Mas os tempos são cascudos...

E, por fim, o meu semipessimismo com o Brasil me faz ver que a profissão e o mercado de música atuam num contexto de concentração de renda, de concentração de acesso à informação, e num cenário de escola pública destruída, o que é mais grave de tudo. Eu acho que a educação boa, farta, gratuita (nem que seja só até o colegial...), é ela que vai formar o público de música, de arte, instigar a curiosidade, abrir o leque cultural das pessoas, fazer essa coisa que quase trinta anos de lei de incentivo não conseguiram: criar um mercado sustentável pra arte, um mercado em que você não precise ser o Roberto Carlos pra conseguir sustentar um par de filhos, pagar seu aluguel e supermercado, e ainda ter um certo tempo pra produzir sua música (seja no executivo, seja no poético).

A beleza que eu vi ao ler o livro do Téo foi ele sistematizar, cronologicamente, criticamente, essa trajetória de mudança, que eu sinto intuitivamente e nem sempre sei como lidar com ela – pelejando, matutando, tentando botar o ovo em pé – nesses últimos anos de tanta mudança radical, que desorienta por igual *indies*, *majors*, cantautores, os *players* todos da coisa.

Saravá Téo, a força esteja com você – parafraseando o Spielberg... – nessa tarefa de entender esse processo veloz e inclemente, de propor uma visão crítica desse redemoinho, e, por que não, de dar nome aos bois, sejam eles gravadoras, empresas de mídia ou processos, que a gente que é músico vivencia aos trancos e barrancos, às vezes na ignorância, às vezes tendo *insights* poderosos sem saber o que fazer com eles.

Enfim, pra você que é músico, ou produtor, ou amante da música (como tem tantos agora, tão apaixonados, tão interessados, tão informados), eu recomendo entrar de sola nessa leitura tão esclarecedora, tão multiplicadora da visão que a gente pode vir a ter do *showbiz* brasileiro.

Boa leitura (e boa sorte Téo, nessa sua missão tão importante).

Mauricio Pereira, outubro de 2015.

DA CAPO...
TRAÇANDO A ROTA

A INDÚSTRIA FONOGRÁFICA NO MUNDO OCIDENTAL nasceu dentro do ninho da tecnologia, a qual chocava vários ovos ao mesmo tempo que transformariam a sociedade e todos os seus costumes.

Quando falamos em tecnologia, logo nos vem a imagem de robôs controlados por computador, *tablets* e *iPads*, sistemas automatizados, câmeras avançadas, computadores potentes, internet e a rápida circulação da informação. **[(...) Oi, alô? Sim sim, claro, já envio o orçamento na sequência (...)]** Não nos damos conta de que esses aparelhos fazem parte de um longo período de desenvolvimento das matérias-primas, componentes e principalmente do pensamento tecnológico.

É interessante tentarmos imaginar como foi a sensação das pessoas com a manipulação e posterior difusão da energia elétrica em larga escala. Ou, ainda, a invenção dos automóveis, dos aviões e assim por diante. Cada um desses aparelhos e tecnologias representaram uma revolução na sociedade, algumas maiores e outras menores.

A indústria fonográfica surge a partir da invenção de um aparelho (o fonógrafo) e, em pouco tempo, protagonizou uma série de revoluções, sem se desgarrar de seu ninho tecnológico. Seu desenvolvimento está imerso no surgimento e posteriores avanços do rádio, dos discos, microfones, estúdios, computadores e muitos outros. Transformações que podem ser consideradas pequenas se olharmos do ponto de vista global da sociedade contemporânea como um todo; porém grandes se pegarmos uma lupa e focarmos na música. **[Vixe, tá na hora do ensaio! Preciso carregar os instrumentos no carro (...)]** Esta, a matéria-prima da indústria fonográfica, sofreu (e ainda sofre) diversas transformações na maneira de compor, gravar, difundir, comercializar e escutar. E quem atua e trabalha com ela está enfrentando mudanças drásticas, desde o início do século XX. Em pouco mais de um século, houve um reposicionamento de praticamente todos os agentes envolvidos profissionalmente com a música e sua própria inserção na sociedade atingiu um patamar de massa que faz com que ela esteja presente em quase todos os ambientes, seja privado ou público.

São muitos os aparatos e os tripulantes a bordo desse barco musical, e não podemos esquecer de prestar a atenção aos elementos externos. Um bom navegador precisa estar ciente das condições climáticas, das marés e prever, ao máximo, as possíveis intempéries que podem surgir no trajeto. Sendo assim, é importante levarmos a bordo algo parecido com um GPS. E como funcionaria um GPS musical? Como obter um? A melhor forma é construir você mesmo.

Há uma série de dados, pesquisas e teses acadêmicas que trazem diferentes visões sobre o panorama da indústria fonográfica no Brasil. **[Claro, para aquela palestra sobre música? Pode contar comigo (...)]** A partir dos dados e da realidade exposta, podemos nos posicionar melhor dentro de um espaço que é ocupado por muitos. Uma amostra desses estudos e informações, que embasaram as discussões aqui propostas, faz parte do arcabouço teórico deste livro. O confronto de ideias e abordagens distintas é salutar para a evolução do pensamento. Mas uma evolução *strictu senso*, que não significa necessariamente uma melhora. Ao contrário do que consta no senso comum, quando algo está evoluindo está ocorrendo uma transformação, alteração e não obrigatoriamente um aprimoramento. Portanto, é justamente do debate e contraste de dados e ideias, entre diferentes pesquisadores e também com a realidade observada através de entrevistas feitas com compositores e outros agentes, que trago as minhas proposições sobre a indústria da música no geral, não apenas àquela restrita ao comércio varejista de discos e música gravada.

Muito se fala sobre a crise e a decadência da música como produto, retração de vendas e outras discussões que colocam à prova o futuro da própria indústria e dos agentes inseridos nela[1]. Entretanto, alguns estudos e pesquisas propõe uma outra visão. **[É o *show* do novo trabalho que estamos lançando, qual data você teria disponível? (...) Sim, vamos vender os discos no *show*, claro (...)]** Eles mostram um cenário que está cada vez mais sujeito às transformações tecnológicas e menos dependente de grandes empresas que centralizam todas as etapas da produção. Nesse sentido, vale destacar a proposta de *reconfiguração* trazida pelo pesquisador Leonardo De Marchi[2]. Mas como essas tecnologias influenciam na dinâmica do mercado? Qual o contexto e os fatores que geraram essas mudanças? Como estava a indústria antes das novas técnicas? Afinal, de quais tecnologias estamos tratando? E em que momento podemos falar de crise ou *reconfiguração* e quais são suas causas? Com quantos paus se faz um barco que navegue de forma segura por essas águas? E como ficou a função de cada marinheiro a bordo?

Há muitas questões a serem levantadas e precisamos, primeiramente, entender quais perguntas temos que fazer para depois tentar respondê-las. Podemos começar por compreender que as transformações de que estamos falando são frutos ou estão relacionadas, de forma direta ou indireta, com a *revolução digital*, talvez o símbolo maior da globalização e circulação de informação. Quando falamos esse termo, estamos nos referindo à internet e sua difusão em massa dentro do protocolo interativo como a conhecemos. Poucos sabem que ela surgiu na década de 1960 com fins bélicos. Através de uma padronização de sua utilização, qualquer pessoa passou a ser capaz de acessar os códigos sem necessariamente conhecer profundamente o que circula por trás das páginas e *sites*. E isso só ocorreu na década de 1990. Com este protocolo, a vida cotidiana se transformou em todos os aspectos, desde uma simples leitura, uma pesquisa, até complexos procedimentos bancários, transmissões ao vivo, valorização da imagem, sem contar a facilidade e rapidez de comunicação que resultou no chavão de "encurtar as distâncias entre as pessoas". **[Pode ver nossos vídeos e ouvir as músicas nesses *links* abaixo (...)]** Essa reviravolta exige que todos participem de uma rede virtual, e quem não está inserido é considerado um excluído digital. Não à toa, a inclusão da população na rede é um esforço que acontece em vários países.

Neste contexto de transformação e inclusão digital, são poucas as abordagens que consideram uma figura fundamental na indústria da música: o compositor. Mais raros ainda são as que tratam do cantautor, que é aquele artista que compõe e interpreta suas próprias canções. Este agente é muito comum na música popular e o termo cantautor é recorrente na Europa, principalmente na Espanha. Ainda que esta palavra não esteja muito difundida no Brasil, este tipo particular de compositor é muito presente na sociedade e na história da música brasileira. Durante o século XX, assim como ocorreu com os outros agentes, ele adquiriu um papel delimitado e, na maioria das vezes, passivo perante o mercado. Mas quando o barco atravessou uma sucessão de ondas, todos os marinheiros se deslocaram de suas funções originais e redimensionaram sua participação na definição dos rumos. E é nesse ponto que entra a interferência da *revolução digital* na indústria da música.

A relação da música popular urbana brasileira com o desenvolvimento da indústria da música no país tem sido objeto de diversas pesquisas. Chama a atenção as abordagens no campo da História, Sociologia Musical e Estudos em Comunicação. Quando se comenta sobre a música feita no Brasil depois da tormenta da *revolução digital*, muito se fala da Nova MPB. Mas se tem a nova, como fica a velha, então?

Marcos Napolitano, historiador brasileiro que analisa a música popular no século XX, propõe uma abordagem sobre o conceito de MPB, que ganhou significado após os anos 1960 com a Bossa Nova. Ele defende que este termo não representa mais somente um gênero musical específico, como talvez tenha sido por muito tempo. Como a música popular está intimamente ligada com a própria História do Brasil, seus elementos traduzem aspectos intrínsecos da sociedade brasileira, além da capacidade de agregar diferentes vertentes musicais e vários aspectos distintos de guetos, tribos e outras manifestações culturais. **[Você ouviu aquele ritmo? O que acha de usar naquela música nova? (...)]** Por essa razão, a MPB deve ser considerada uma instituição e não mais um gênero ou estilo musical. E quando indagados sobre o que é Nova MPB, muitos artistas ainda fazem referência ao gênero, que quase sempre remete à Bossa Nova. Sem levar em consideração os aspectos estéticos de inovação musical, esta Nova MPB está inserida necessariamente na *revolução digital*. E talvez seja isso que faz com que muitos resolvam chamar de "nova", pois não há um fator estético aglutinador, e sim um posicionamento diferente no mercado.

Podemos enxergar as transformações na indústria cultural brasileira e o que aconteceu com seus agentes, em meio às modificações tecnológicas e políticas no Brasil durante o século XX, por uma perspectiva mais social. Algumas pesquisas demonstram que as grandes empresas fonográficas, na década de 1990, eram relutantes em entrar na fase digital do mercado. Na contramão, elas investiam justamente na ampliação do controle que detinham da promoção e da distribuição do produto final[3].

O pesquisador Eduardo Vicente estudou o que chamou de circuitos autônomos de produção musical que possuíam, segundo ele, fortes vinculações identitárias e formaram redes de circulação e produção fora do âmbito das grandes gravadoras, possuíam um caráter local mas quase sempre legitimados por referenciais "internacionais-populares". Mas como essas atuações autônomas se portam efetivamente no mercado? **[Não, o empresário sou eu mesmo... Eu gerencio os *shows* e tudo mais (...)]** Elas fazem parte da engrenagem industrial ou, simplesmente, representam um setor marginal ao que acontece na "indústria oficial"? Há muito pouca informação sobre a atuação de diversos agentes dentro da cadeia produtiva, formativa e criativa da música. Quando se fala sobre a indústria fonográfica, praticamente se restringe às multinacionais do setor e pouco se comenta sobre toda uma rede que acontece desde a década de 1990 fora dela. E quando há abordagens sobre o famigerado "mercado independente", quase sempre a abordagem é em comparação às grandes gravadoras. É como se tudo girasse em torno do comércio de músicas, seja físico ou virtual, sem levar em consideração o resto da engrenagem que a música movimenta e que gera renda e milhares de empregos no Brasil, especialmente depois da *revolução digital*. Assim como alguns estudos citados, caminho no sentido de contribuir com uma visão sistêmica da indústria da música, que vai muito além do comércio de discos, que é apenas uma parte do processo e extremamente atrelada aos mediadores, normalmente as gravadoras. Compreender que todos fazem parte de um organismo complexo e mutante, que se interconecta em uma perspectiva de convergência, é tão difícil quanto necessário.

Henry Jenkins e a cultura da convergência traz uma abordagem social e, ao mesmo tempo, mercadológica calcada no *marketing*. As mídias e os métodos tradicionais foram testados à exaustão por uma avalanche de mecanismos que têm na interação a sua marca[4]. E como ocorre essa interação entre as mídias? É de uma forma passiva, ativa ou destrutiva? E qual a relação dessas interações com o mercado de música?

Não podemos deixar de mencionar que estamos imersos em um contexto ocidental globalizado. **[Que legal! E quais seriam as datas da turnê? Conseguiu falar com os outros lugares dos *shows*? (...)]** A implementação de um caráter "internacional-popular", segundo Renato Ortiz, um dos principais pesquisadores da mundialização da cultura brasileira, teria ocorrido paralelamente à consolidação da indústria cultural no país, entre as décadas de 1960 e 1970, substituindo o conteúdo "nacional-popular" vigente anteriormente[5]. O complexo processo de desenvolvimento da indústria fonográfica no país, em meio à Ditadura Militar, expansão e consecutivas crises no setor teriam mantido a condição "nacional-popular" da música brasileira como um caráter permanente, principalmente devido a constante e iminente necessidade de construir uma nação moderna e democrática no país. Talvez, no caso do Brasil, essa internacionalização tenha ocorrido de fato somente anos mais tarde, de uma forma paralela à *revolução digital*[6]. O público também estava se adaptando a uma série de novos costumes. Mas como isso influenciou o rearranjo da indústria da música em convergência?

A mundialização da cultura brasileira passa pelos processos de produção da indústria fonográfica brasileira entre os anos 1970 e 1990 e a intensa fragmentação do processo produtivo da mesma. Um dos fatores dessa fragmentação pode ser a terceirização da produção musical por parte das grandes gravadoras, como demonstram vários pesquisadores[7]. Mas como esse processo, que atinge a concepção do produto musical, colabora para um rearranjo social e qual resultado macroeconômico dessas alterações na indústria da música? **[Então, gostei bastante dessa alteração na letra! E o que você me diz daquela melodia nova para o refrão? (...)]**

É necessário pensarmos as questões relativas à indústria cultural e suas alterações sob uma perspectiva mais atualizada e menos pessimista. Nesse sentido, a abordagem do *Popular Music Studies*, dentro da Sociologia Musical, se preocupa com a significância e organização social da música[8]. Tenho convicção de que não podemos analisar esse cenário através de conceitos e visões isoladas. Os diversos agentes sociais, presentes na cadeia produtiva, criativa e formativa, criam uma rede complexa de relações que, ao longo do século XX, sofreram muitas mudanças. Dentro dessa perspectiva, entendo que, mesmo quando enfocamos um determinado aspecto, não podemos esquecer a influência que outros elementos exercem de forma paralela. As alterações sociais no papel do cantautor e dos outros agentes são frutos de uma conjuntura complexa, e compreender essas novas relações, em uma perspectiva de convergência pós *revolução digital*, se tornou o grande desafio.

Nesse sentido, as discussões trazidas pelo crítico de *rock* e sociólogo Simon Frith, um dos principais nomes dessa linha de pensamento, talvez forneça uma outra perspectiva e nos permita analisar com mais parcimônia o cenário social da música como um todo. Em seu livro *The sociology of rock*, ele analisa consumo, produção e ideologia do *rock* com uma abordagem ampla, passando por lazer, cultura jovem, ferramenta para libertação ou opressão e vários fatores[9]. Em outras palavras, essa abordagem sistêmica para o *rock* pode ser aplicada para a indústria da música no Brasil. Então como a música, que é algo abstrato e efêmero, pode ser comprada e vendida? Não somente em um mercado restrito mas, sim, para um público de massa? Quais as implicações disso para o mercado e a produção? Em quais contextos ela é difundida e comercializada de uma forma ampla? Quem são os intermediários?

Partindo destas ideias e princípios, podemos considerar que as indústrias de música, pelo menos no universo capitalista ocidental, no qual o Brasil se inclui, estão baseadas na tentativa de transformar a experiência de música popular em algo comerciável e que isso, certamente, envolve inúmeros fatores históricos, sociais e tecnológicos que são intrínsecos a ela. Em uma perspectiva de convergência, Frith relaciona a "construção de comunidades de consumidores" com o armazenamento da música, desde os primeiros formatos (os próprios músicos e depois as partituras) até sua informatização. **[Pois é, precisamos interagir mesmo na internet e na nossa página... O público participa mesmo, é bacana (...)]** E quando essa informação passou a ser digital, o *status quo* foi transformado a um ponto que não era mais possível dizer de forma simples quem eram os marinheiros e para onde remavam. Pelo menos, percebemos que as condições haviam mudado e, agora, os agentes precisam encarar essas mudanças de uma maneira realista e se posicionar no mercado.

O ponto paradigmático que considero nestes estudos de Simon Frith é a constatação de que a indústria da música trabalha, inevitavelmente, com "fracassos comerciais", e como os principais departamentos das grandes gravadoras, o *Artist and Repertory* (*A&R* – trabalha com o talento e lida com os processos de produção dos trabalhos musicais) e o *Marketing* (que se preocupa em vender o produto acabado) lidam com esse fator para maximizar os lucros, ou melhor, minimizar as perdas. O conflito existente entre esses setores, que possuem igual prestígio dentro das empresas, em que um tenta atribuir a culpa pelo insucesso ao outro, permeia todo um cenário mercadológico, no qual a maioria dos produtos geram perdas, ou seja, não chegam a cobrir nem os próprios custos. O desenvolvimento da indústria da música no século XX estabeleceu rígidas relações trabalhistas e comerciais submetidos à essa realidade, com imposições vindas dos departamentos de *A&R* e *Marketing* para superar ou, pelo menos, minimizar esse prejuízo. Como transformar um produto abstrato e fadado ao fracasso em algo vendável e lucrativo? Como isso determinou as relações comerciais e sociais na música e até quando podem permanecer? Mais uma vez, são poucas as investigações realizadas sobre o impacto dessas políticas empresariais no papel dos cantautores. E, além disso, como as mudanças tecnológicas parecem estar mudando esse panorama por parte do compositor.

A linha de raciocínio se baseia em questões sociais e mercadológicas, sem a pretensão de defender ou reforçar uma possível dicotomia existente entre arte e mercado (o que pode ser vendido e o que seria a arte autêntica) ou também entre grandes gravadoras e outras estruturas de produção. Alguns termos estabelecidos e presentes no senso comum carregam uma conotação ideológica, até mesmo maniqueísta, de que existem os "mocinhos independentes da arte" e os "vilões da indústria e do mercado", ao invés de buscar uma abordagem mais realista de estruturas de produção distintas[10]. **[Sim, estamos todos no mesmo barco! Quais são as condições daquele contrato que você falou? (...)]**

Este livro foi escrito imerso na realidade de quem trabalha todos os dias com questões inerentes ao mercado de música como orçamentos, negociações, estratégias de *marketing* na internet, ensaios, composição e planejamento de turnês. Vários cantautores, intérpretes e músicos foram entrevistados para investigar a forma que produzem seus discos, como fazem o gerenciamento de suas carreiras e qual o papel da internet no seu trabalho. Se ainda restritos às cidades de São Paulo e Curitiba, as respostas desses agentes já servem como um bom termômetro do que acontece em várias outras cidades do país e auxiliaram na tentativa de compreender como está a indústria da música depois da *revolução digital*. A capital paulista ainda representa o principal centro econômico e cultural do país, onde encontramos uma convergência de pessoas e ideias de vários lugares. E Curitiba, também cosmopolita, representa uma cena emergente principalmente após a metade dos anos 2000, que está em expansão e possui uma realidade particular e diferente de outros centros urbanos. Talvez justamente por estar se afirmando de uma forma mais consistente no cenário nacional, menos dependente de iniciativas isoladas e mais inserida em um diálogo "internacional--nacional-popular". Ao menos dentro do cenário dito "alternativo", o que já justifica a sua inclusão como representante. Por essas razões, essas duas cidades se tornaram uma amostra do que acontece no Brasil, ao menos como um ponto de partida. Os depoimentos desses agentes estão pincelados no decorrer do livro, para ilustrar algumas situações. Se houver interesse em obter as fontes e entrevistas para estudos posteriores, por favor deixe seu recado após o sinal (contato no fim do livro). E, além dessas entrevistas nessas cidades, foi possível identificar uma série de exemplos em outras regiões, através da bibliografia consultada e observações práticas.

A maioria das notas e citações foi organizada no final do livro, no intuito de deixar a leitura mais livre e dinâmica. Convido a consultarem, seja para um estudo mais aprofundado das fontes e referências, seja para agregar valor à compreensão. Há também nessas notas alguns comentários extras, quando os mesmos representam uma informação complementar ao seu contexto.

Esta análise tem a intenção de traçar um panorama mais realista da indústria da música no Brasil pós *revolução digital*. Há muitas questões no ar há muito tempo e poucos esforços no sentido de compreender o dia a dia de quem atua com a música dentro de um mercado dinâmico e mutante. Mais ainda, como os agentes interagem socialmente sendo exigidos constantemente por uma nova tecnologia, plataforma ou técnica diferente de se compor música. Conciliar tudo isso sem uma reflexão histórica, social e convergente é uma tarefa muito árdua. Essa é a lacuna a ser preenchida. Resta-nos, agora, subir a bordo e olhar não só para o horizonte, mas em todas as direções, para não sermos pegos de surpresa pela revolução desse mar musical.

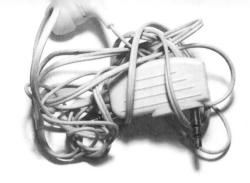
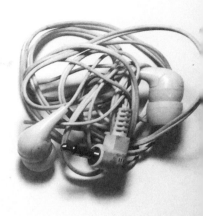

#01 NAVEGANDO PELAS ÁGUAS DA INDÚSTRIA DA MÚSICA NO BRASIL

INSTRUMENTOS NAS COSTAS, olhando para frente, olhar no horizonte e muitas dúvidas. Enquanto tentamos colocar o barco para navegar enfrentamos uma série de dificuldades, a começar por subir a bordo com tantas coisas pra carregar que não podemos deixar para trás e nem cair na água. Decifrar as mensagens ocultas no mar da indústria da música é um desafio penoso que público, ouvintes, músicos e artistas em geral estão tentando fazer há mais de um século, e esse desafio se intensificou depois dos anos 1990.

Ao contrário do que possa parecer, indústria da música e indústria fonográfica não são a mesma coisa. Acabamos falando de uma quando queremos falar da outra, ou pelo senso comum, parece que é apenas um sinônimo. Na imprensa, na internet, são raros os artigos e textos e até livros que diferenciam uma da outra ou mesmo citem que existe uma diferença. Antes, porém, de compreender de fato essa diferença é importante analisar como a tecnologia interferiu diretamente nas relações sociais e participou ativamente das transformações e acomodações das estruturas de produção dentro do setor musical no Brasil. Em primeiro lugar é necessário conhecer um pouco melhor a indústria fonográfica que está impressa no imaginário popular, que se refere principalmente ao comércio de discos, fitas e fonogramas* em geral. Existem diversos estudos, teses e dissertações que tratam do surgimento dessa indústria não só no Brasil, mas nos Estados Unidos e

---

*Segundo definição do dicionário, fonograma é um sinal gráfico que representa som, inscrição do som ou simplesmente "som gravado". Do ponto de vista técnico, para a indústria do ramo, fonograma se refere ao arranjo gravado de uma canção, as populares "faixas ou músicas" de um CD ou de um vinil. Cada uma delas possui um código de registro próprio que, desde 2002, foi padronizado através do ISRC (International Standard Recording Code). Seria como se fosse o CPF da música gravada.

em outros países. Nesse sentido, é bom termos uma visão desse histórico mais permeada pela tecnologia e sua inter-relação com os agentes da cadeia produtiva, especialmente o compositor e sua perspectiva.

Antes do surgimento de um suporte físico para a música e seu armazenamento, que se deu com o fonógrafo no final do século XIX, a audição de uma canção dependia exclusivamente da execução ao vivo dos músicos. A primeira forma de se registrar uma música eram os próprios músicos e seus instrumentos, que a guardavam em sua memória para, posteriormente, interpretar as canções em troca de algum pagamento. Essa afirmação pode soar um tanto quanto óbvia em um primeiro momento, mas trata-se de uma sistematização do pensamento para entender que a música nem sempre esteve disponível da forma que conhecemos e, a partir deste cenário simples, ampliar a visão para os outros mais complexos. Sendo assim, a fonte primária do negócio musical era a apresentação ao vivo dos músicos conhecidos como profissionais.[1] A música já era vista como um produto muito antes do estabelecimento da indústria da música globalizada. De uma maneira ou de outra, ela era o meio utilizado para sobrevivência de algumas pessoas desde a Idade Média, sendo o trabalho oferecido em troca de compensações financeiras.

Após a combinação de notação musical e imprensa, através da partitura, iniciou-se a divisão entre música comercial e não comercial. Não no sentido de música clássica ou *pop*, mas sim a música com notação (que poderia ser vendida) ou sem e, dessa forma, excluía-se as manifestações mais populares que não eram transcritas. O comércio de música passou a se basear na edição musical, que apostava na música clássica escrita e dependia das propriedades de direito autoral estabelecidas nos contratos com os compositores. Isso impedia que outros editores publicassem a mesma obra e, assim, estabeleciam seu negócio. Este era o início do mercado editorial e, mais adiante, da própria indústria fonográfica. Os padrões de negociações e direitos acabaram sendo baseados nos interesses de quem detinha o poder de difundir a informação, imprimir e distribuir as partituras. A principal questão era justamente se prevenir para que outros editores não pudessem vender a mesma partitura, garantindo uma exclusividade que protegia o editor. O compositor, por sua vez, ficava como um coadjuvante no sentido de que ele teria garantido basicamente a difusão de sua obra da única maneira possível e imaginável na época. A questão da remuneração de direitos autorais ficava em segundo plano. O mercado editorial estabeleceu esse padrão de privilegiar o editor o que, guardadas as devidas proporções, ainda é uma das bases tanto das edições de livros quanto da indústria fonográfica. A fonte de renda e emprego mais importante dos músicos e compositores eram as óperas e as apresentações ao vivo, quase sempre ligados às cortes ou à nobreza.

Wolfgan Amadeus Mozart (1756-1791) foi um dos primeiros exemplos de autonomia dentro do mercado da música. Em uma época na qual os principais (e talvez os únicos) empregadores da música eram os reis, rainhas, príncipes, princesas, imperadores e a nobreza europeia, Mozart decidiu seguir uma carreira independente, não vinculada a nenhum patrão. Em 1781, ele foi chamado de volta à Corte de Viena após viagens pela Europa, justamente porque um novo imperador tomaria posse. Colocado junto aos demais serviçais da corte, Mozart protagonizou uma série de conflitos até que, enfim, pediu demissão do cargo. Mesmo em meio a dificuldades financeiras, Mozart seguiu compondo, tocando em bailes, fazendo temporadas em diversas cidades da Europa, tornando-se um dos maiores compositores de todos os tempos.

O surgimento da tecnologia de gravação e o consequente armazenamento da música em um suporte físico permitiu que as pessoas pudessem ter a música em sua casa, algo revolucionário para a época. Naturalmente, em um primeiro momento, isso era privilégio de poucos. A invenção do fonógrafo por Thomas Edison, em 1877, um cilindro que gravava mecanicamente sons em uma folha de estanho, foi o início do desenvolvimento do que conhecemos hoje como indústria fonográfica. Ao longo do século XX, em meio a diversas inovações tecnológicas, a música popular alcançou uma posição de destaque nessa indústria que nascia. Ainda que sua primeira utilização tenha sido gravar e depois reproduzir a voz falada, o fonógrafo passou a ser utilizado rapidamente para registrar e gravar músicas. O primeiro cidadão brasileiro a ter sua voz gravada, segundo algumas pesquisas, foi o imperador Dom Pedro II enquanto assistia uma sessão de gravação.[2]

Somente com o gramofone é que a indústria fonográfica começa a se estabelecer de fato, no intuito de atingir um mercado de massa. Inventado pouco depois do fonógrafo, esse aparelho permitia a reprodução da música armazenada em um disco plano, o que era mais prático para a comercialização. O disco de 78 RPM, ou disco de goma-laca, logo se configurou como um suporte mais adequado tanto para a indústria quanto para os consumidores. A indústria fonográfica no Brasil praticamente acompanhou a dos Estados Unidos e teve início logo após o surgimento do fonógrafo, quando este aparelho foi apresentado em uma conferência em Porto Alegre. A partir do início do século XX, começaram as primeiras gravações musicais no Brasil e também o comércio de discos se espalhou pelo país a partir do Rio de Janeiro.[3]

Nesse contexto, o samba e a marcha, surgidos da miscigenação sintetizada na capital carioca, tornaram-se os primeiros produtos da indústria fonográfica nacional. José Ramos Tinhorão, um dos principais críticos musicais e pesquisadores de música popular urbana brasileira, afirma que havia no país na época a música erudita e operística da elite (no máximo com a incorporação de alguns elementos de valsa e modinha), alguns gêneros estrangeiros (como polca e quadrilhas) e o batuque africano (exclusivo dos negros que eram a maioria das classes mais baixas).* A marcha e o samba, segundo ele, não surgiram de uma maneira específica de tocar, mas sim para atender a uma necessidade de dar ritmo às lentas passeatas dos ranchos e aos blocos de carnaval.[4] Assim, nasciam no Rio de Janeiro, com participação da comunidade baiana que vivia nos morros cariocas, esses gêneros que podem ser considerados uma síntese da cultura africana no Brasil.

No final da década de 1910, que o samba já era popular e contava com resquícios desses batuques africanos, estribilhos do folclore baiano e elementos do maxixe carioca, é gravada a canção *Pelo telefone*, de Donga e Mauro de Almeida, considerada a primeira gravação de samba por vários estudiosos e também segundo os registros da Biblioteca Nacional. Aliás, esta canção é cercada por polêmicas, desde sua autoria até o gênero musical a que pertence. Donga, um dos que requisitavam a autoria e que permaneceu oficialmente como um dos compositores, afirmava na época, categoricamente, que se tratava de um samba, sendo rebatido por jornalistas e músicos que a consideravam um maxixe. Mas o fato é que havia uma confluência de ritmos e gêneros, principalmente a marcha e o próprio maxixe e o samba, o que tornava difícil uma categorização precisa.

A Casa Edison, fundada pelo tcheco Frederico Figner, que se estabeleceu no Brasil em 1891 (praticamente junto com a invenção de Thomas Edison), transformou-se na primeira gravadora nacional e foi responsável pela gravação dos primeiros discos brasileiros, em parceria com a Gramophone de Londres.[5] Entre os anos de 1902 e 1927, período em que as gravações eram feitas de maneira mecânica, a Casa Edison foi responsável por mais da metade dos discos produzidos no Brasil, conferindo ao país o terceiro lugar no *ranking* mundial de mercado de discos.[6] A gravadora, então, constituiu a primeira loja de varejo no país e logo se espalhou por todo território nacional com diversas filiais.

Nesse período de gravações mecânicas, o trabalho dos estúdios era, basicamente, posicionar os músicos e seus instrumentos de acordo com a intensidade sonora de cada um deles e realizar as gravações "ao vivo", quantas vezes fossem necessárias até se obter uma execução considerada ideal. Não existiam recursos

---

* Sob o enfoque histórico, José Ramos Tinhorão parece ser referência obrigatória para qualquer estudo referente à música popular urbana no Brasil. Em meados dos anos 1960, publicou o primeiro de muitos livros, *Música popular: um tema em debate* (TINHORÃO, 1997), em que o autor apresenta uma cultura popular urbana alheia à elite cultural brasileira da época, mostrando as raízes de gêneros como o samba e a marcha.

na época para a correção de eventuais erros, sendo as gravações um registro real das performances. Em outras palavras, os intérpretes e instrumentistas estavam menos sujeitos a erros e era exigida uma execução em conjunto perfeita para que a sessão fosse finalizada. O próprio fato de entrar em estúdio para tocar uma música e gravar já requisitava um outro tipo de postura e preparo dos artistas. Por exemplo, o canto deveria ser o mais potente possível, para superar os outros instrumentos e se fazer mais audível. Consequentemente, nem todos os cantores estavam aptos a entrar em um estúdio.

O rádio já era um veículo de comunicação estabelecido e suas execuções ao vivo possuíam uma qualidade superior ao que se ouvia nos discos. Na década de 1920, surge a gravação elétrica para melhorar a qualidade dessas gravações e aproximá-las um pouco mais do que as pessoas escutavam no rádio. Este fator tecnológico foi determinante para o desenvolvimento da indústria fonográfica mundial. Em 1927, a Odeon Talking Machine produz o primeiro disco elétrico brasileiro, com interpretações de Francisco Alves. Entretanto, essa tecnologia era dominada somente por gravadoras estrangeiras e não demorou para que mais estúdios e fábricas multinacionais se instalassem no Rio de Janeiro, o que mudou o panorama da indústria fonográfica nacional. Essas empresas viram no Brasil um possível remédio para a crise que afetava os Estados Unidos depois da quebra da bolsa de Nova York em 1929. Como consequência, várias fábricas de discos nacionais fecharam suas portas por não conseguirem acompanhar e concorrer com as empresas estrangeiras.

Essa evolução tecnológica acertou em cheio a indústria fonográfica, reposicionando todos os agentes envolvidos. Os que antes detinham uma posição de destaque foram desvalorizados e os que possuíam e dominavam os novos recursos alcançaram um lugar ao sol e passaram a atuar com mais força no setor.[7]

No governo de Getúlio Vargas (1930-1945), a música passou a ser vista como uma política de estado, com a pretensão de participar do processo de construção de uma identidade nacional. Ele percebeu o momento favorável à industrialização e estimulou vários setores da economia através de incentivos fiscais. Neste momento, uma série de empresas multinacionais, dos mais variados segmentos, instalaram-se no país. O samba virou um dos símbolos de seu discurso nacionalista, que ganhou força com um intuito político claro de integração do país. O cinema falado, a fabricação e venda de fonógrafos, a expansão do rádio comercial e o próprio advento da gravação elétrica formaram um "esforço conjunto" de intelectuais, artistas, empresários e governo nesse propósito de construir e expandir o conceito de Brasil para integrar o país. A consolidação do samba como símbolo nacional estendeu-se pelos anos 1940, quando, de fato, foi considerado pela elite cultural como genuinamente brasileiro, ainda que pobre em ritmo e harmonia.

Nesse ponto, o poeta, escritor e um dos pioneiros no campo da etnomusicologia brasileira, Mário de Andrade, teve papel decisivo. São vários os elementos que permeiam a construção da identidade de um país, o que daria uma tese somente sobre este tema. Para conhecer de perto as características das várias regiões do país, Andrade, como um dos expoentes do Modernismo no Brasil e um dos responsáveis pela Semana de Arte Moderna de 1922, em São Paulo, realizou várias viagens mapeando e estudando o povo e a música brasileira. Suas fotografias e ensaios, difundidos pela imprensa da época, foram cruciais para que os brasileiros conhecessem melhor o Brasil, colaborando com a construção da identidade nacional apesar de seu relacionamento instável com o governo.*

Além de Mário de Andrade, tivemos também o compositor e maestro Heitor Villa-Lobos, também ligado ao Modernismo brasileiro, que através do canto orfeônico foi um dos principais responsáveis pela consolidação da música como um símbolo da identidade nacional. Trazendo elementos regionais para a música clássica, Villa-Lobos ganhou grande notoriedade sendo um dos primeiros músicos do país com reconhecimento internacional. Ele realizou incursões e apresentações por São Paulo e depois outros estados, regendo multidões cantando hinos e temas patrióticos. A partir desse processo, o canto virou uma política de estado e se tornou obrigatório em escolas de alguns estados, sendo uma das bases da educação musical brasileira.

Em 1939, *Aquarela do Brasil*, de Ary Barroso, foi um dos primeiros exemplos do samba elitizado, nacionalista e moderno, com aspectos de *big band* similar ao *jazz*, mesclando as características dos morros cariocas com a identidade nacional em construção. Nas décadas de 1930 e 1940, o samba, enfim, consolidou-se como música brasileira pelo povo, pelo mercado e pelas rádios, tornando-se um dos pilares da unificação e da identidade nacional do discurso varguista.

Outro fator tecnológico decisivo para a indústria fonográfica e para a efetivação da música popular como um fenômeno de massa foi o aperfeiçoamento dos microfones. Eles permitiram que cantores com menor potência vocal pudessem

---

* Em um de seus ensaios, Mário de Andrade afirma que a música brasileira não teve um desenvolvimento inconsciente ou mais livre de preocupações quanto a sua afirmação nacional e social, ao contrário das mais antigas escolas musicais europeias e das grandes civilizações asiáticas. Do ponto de vista social, a música no Brasil teve um desenvolvimento lógico e primário. Ela passou por Deus, em seguida o Amor e por último a Nacionalidade, em uma evolução social desde os tempos coloniais até chegar no contexto popular urbano que se desenvolveu no início do século XX, tornando o samba carioca a "música brasileira oficial" através do governo de Getúlio Vargas, na década de 1930. Ver mais em ANDRADE apud CAMPO (2009).

se apresentar profissionalmente, abrindo novas possibilidades de interpretação. Além disso, permitiu que cantautores, que não eram necessariamente exímios cantores e nem sempre possuíam as técnicas sofisticadas do canto operístico, pudessem gravar discos. O compositor, professor e PhD em tecnologia musical Paul Théberge considera que microfones, amplificadores e os autofalantes foram importantes para quase todos os tipos de músicas gravadas, mas, principalmente, para a música popular e para o *rock*. Como as gravações mecânicas prezavam pela intensidade do canto, Théberge afirma que o *crooning** surgiu como uma resposta direta ao uso dos microfones na música popular. Além disso, para o *jazz*, considera que por conta deste novo elemento, o baixo de corda pôde substituir a tuba pois finalmente poderia ser ouvido com mais clareza.[8]

Ainda nos anos 1930, Noel Rosa, um dos maiores nomes do samba nacional, começou a trazer para o gênero um discurso e uma narrativa (poesia, estória), com letras mais coloquiais e um formato mais curto. O canto mais próximo da fala, agora audível por conta do aperfeiçoamento dos microfones, e introduções menores foram alguns dos elementos musicais trazidos pelo artista. Aparentemente sem muita importância, esses aspectos foram fundamentais para a constituição de um grande mercado de música popular.[9] As narrativas das canções permitiam que o público se identificasse com elas, além da possibilidade de conter mais músicas em um mesmo disco por conta de sua menor duração. Passa a ser possível, então, a constituição de uma "obra musical", uma criação com um contexto e não somente músicas soltas em coletâneas. Esse era o início do *álbum* no Brasil. Assim, a comercialização dessa obra, com um conceito e forte identificação popular, tornou-se mais um atrativo para a indústria fonográfica que passou a investir cada vez mais nessa proposta.

No final da década de 1940, a substituição do disco de 78 RPM foi outro fator tecnológico importante. Esse possuía um máximo de 3 a 4 minutos de gravação em cada lado do disco, ao passo que o LP de 33.1/3 RPM possuía mais de 20 minutos, por ter sulcos menores. O aumento do tempo total de música possível de se armazenar em um disco trouxe novas possibilidades e, ao mesmo tempo, imposições para compositores e arranjadores. Os músicos de *jazz*, por exemplo, acostumados a gravações de no máximo 4 minutos, foram "obrigados" a desenvolver um "novo *jazz*", com improvisações mais longas para se adequar à nova realidade tecnológica, simplesmente porque havia mais tempo de música a ser gravada.[10] Em outras palavras, o surgimento de um novo formato físico influenciou diretamente

---

* *Crooning* é o ato de cantar mais suave, principalmente com um caráter mais sentimental.

na composição de temas e suas interpretações, sendo determinante para o desenvolvimento desse gênero. Foi uma tecnologia que, de certa forma, selecionou um tipo específico de música para ocupar os espaços que o novo formato permitia para chegar ao mercado popular. Em uma analogia com a teoria da seleção natural de Charles Darwin,* seria um evento externo novo (a tecnologia) selecionando as espécies (músicas) mais aptas a sobreviver no meio (mercado).

Aos poucos, esse novo formato substituiu o disco de 78 RPM por ser mais leve, maleável e resistente a choques.[11] Em 1951, foi lançado o primeiro LP no Brasil, reunindo marchinhas e sambas para o carnaval daquele ano. A qualidade sonora melhorou significativamente, com gravações de instrumentos e vozes separadas em quatro etapas distintas (no mundo do áudio se diz "quatro canais") o que proporcionou um controle maior do resultado final através da mixagem, com a regulagem de frequências, volumes e timbres, o que antes não era possível.

Em paralelo, o desenvolvimento dos gravadores em fitas magnéticas, que surgiram ainda no final do século XIX e foram aprimorados mais tarde, foi outro fator relevante para o estabelecimento de técnicas de gravação e relações entre os diversos agentes da produção musical. A partir dos anos 1950, a gravação nessas fitas passou a ser utilizada em larga escala pelos estúdios profissionais, surgindo técnicas de corte e emendas de som possibilitando a "construção de uma performance ideal" e não, simplesmente, o registro real do que acontecia ao vivo nas salas de gravação.[12] Paul Théberge, que cita o engenheiro de som John Eargle, descreve 5 técnicas importantes desenvolvidas no período: 1) gravação em estúdios tecnicamente secos, com diversos estudos físicos do som para evitar a reverberação natural; 2) a utilização de diversos microfones para maximizar a separação entre os músicos; 3) participação do engenheiro no ajuste do balanço musical (posição do estéreo** em cada instrumento); 4) introdução de uma reverberação artificial que poderia ser controlada pelo engenheiro; e 5) cuidadosa seleção e posicionamento dos microfones no estéreo. A partir desse momento, esses engenheiros de som passaram a ter um papel ativo nas produções musicais, antes limitado basicamente ao posicionamento dos músicos e controle do volume da gravação. Após o desenvolvimento dessas técnicas, a complexa disposição de microfones de

---

* Em seu livro de 1859, *A origem das espécies*, Charles Darwin introduziu a ideia de evolução das espécies a partir de um ancestral comum através da seleção natural que, em resposta às alterações ambientais, se especializam e se adaptam às novas situações ao longo do tempo, gerando novas espécies.

** Estéreo ou *stereo* em inglês, é um termo utilizado em acústica que faz referência à um sistema de reprodução de áudio que utiliza dois canais (direito e esquerdo) sincronizados. É o padrão utilizado na indústria comercialmente desde o fim da década de 1950, mesmo tendo sido desenvolvido muito antes.

maneira nada aleatória, baseada na emissão sonora dos instrumentos buscando a melhor captação e levando em consideração o estéreo, além de todo o trabalho pós-gravação, permitiram que os engenheiros e também o produtor musical adquirissem um papel proeminente na indústria fonográfica.

Com todo esse incremento na qualidade técnica tanto das gravações quanto da pós- produção, de fato o LP representava o formato ideal para a comercialização de um conceito, uma obra. A tecnologia dessa forma de armazenar a música constituiu um suporte essencial para a disseminação do "samba-coloquial", iniciado por Noel Rosa, e também da nova música nacional que se afirmava. A partir de então, começou a surgir no Brasil um mercado de massa. Foi o início da proposta do *álbum*, que passa pela própria ideia de "obra musical" ou "obra de arte", mas que transformou a música em um produto comercialmente viável e lucrativo.

O aprimoramento e o barateamento dos custos de produção de discos resultou no aparecimento de gravadoras de menor porte nos Estados Unidos. O acesso aos estúdios e aos mecanismos básicos de produção foi facilitado, mas a fabricação ainda era cara e pouco acessível. Mesmo assim, essas pequenas gravadoras se beneficiaram das novas tecnologias que reduziram o custo global da produção, assumindo um papel mais ativo no mercado de música daquele país. Em 1957, essas pequenas gravadoras chegaram a liderar as paradas de sucesso internacionais com *singles* de música popular, porém ainda enfrentavam dificuldades para a distribuição e difusão de seus lançamentos.[13] Apesar das dificuldades e estarem imersas em um mercado amplamente dominado por grandes empresas, essas gravadoras menores foram importantes para o surgimento do *rock'n'roll*, um dos gêneros mais populares, mais difundidos e comercializados do século XX.

Os anos 1950 foram marcados não somente pelas transformações tecnológicas mas também por uma revolução mercadológica da música, especialmente nos Estados Unidos. Grandes investimentos começaram a ser feitos na qualidade do produto musical, passando também pelo trabalho visual da capa dos discos e, paralelamente, pelo *marketing*, carreira e imagem dos artistas. Dessa forma, atingindo um público cada vez maior, a música se tornou um negócio extremamente rentável. O *star system** foi, direta ou indiretamente, fazendo com que a música popular se tornasse indispensável para a vida das pessoas, incorporando-se na história e na construção da identidade das diferentes sociedades, transformando o artista em ídolo, fortalecendo sua marca, consolidando o seu mercado

---

* Termo vinculado à indústria do cinema, mas que também foi aplicado na música e, originalmente, se referia a uma maneira de criar, promover e explorar as estrelas dos filmes no Cinema Clássico de Holywood.

e vendendo muito.[14] Este era o contexto do *star system* do cinema hollywodiano que foi importado pela indústria fonográfica. Nesse momento, as indústrias do cinema e da música perceberam a chance de consolidar de vez o seu monopólio sobre o mercado mundial e o investimento gerado na imagem dos artistas era o carro chefe dessa proposta. Quanto mais mídia, mais vendas. Por isso, quanto mais pudessem direcionar o que estaria na mídia, menor seriam os riscos e maior os lucros.

Talvez o maior e o primeiro exemplo desse fenômeno na música tenha sido Elvis Presley. Todo o *marketing* de sua carreira era feito fortemente em cima da sua imagem, passando pela participação em programas de rádio e televisão, filmes e uma série de outros fatores que fez com que jovens do mundo inteiro se identificassem com aquele estilo de dançar e cantar. No Brasil, as grandes multinacionais do setor, então, intensificaram seus investimentos no mercado de música popular, reproduzindo cada vez mais as práticas comerciais estadunidenses de interdependência com a mídia e monopólio do mercado e da produção.

Nos anos 1960, a Bossa Nova soou como a trilha sonora nacional de desenvolvimento e modernização do país, com novas construções e investimentos em infraestrutura visando a inserção do Brasil no contexto mundial, que fazia parte do discurso político do governo de Juscelino Kubitschek (1956-1961). O país estava em uma época de expansão econômica, com a construção da nova capital, Brasília, marcada pela arquitetura arrojada de Oscar Niemeyer. Na música, todo esse sentimento de otimismo foi traduzido pela Bossa Nova. O novo jeito de tocar violão e a maneira de cantar de João Gilberto, que marcaram este gênero, pôde ser difundido em grande parte por conta de avanços tecnológicos. Os potentes microfones desenvolvidos nas décadas anteriores deram suporte para a proposta de canto trazida por ele, quase como se a opção estética fosse o silêncio, o mínimo de som possível para a interpretação vocal. Para a época, isso era algo bastante singular, uma vez que os cantores e cantoras, a maioria formados na era do rádio, ainda primavam pela potência vocal e por técnicas mais eruditas de canto.[15] A síntese desse sentimento de modernidade foi em 1962, ano em que a Bossa Nova popularizou-se nos Estados Unidos na voz de Frank Sinatra, levando a imagem cultural de um Brasil mais sofisticado para o mundo.

Assim como aconteceu com o *rock* estadunidense nos anos 1950, pequenas empresas musicais também foram importantes para a Bossa Nova brasileira. É o caso de algumas gravadoras como a Elenco e a Forma (que foram adquiridas pela Polygram e depois virou Universal Music), seguindo, assim, o caminho da maioria das iniciativas alternativas da época de serem incorporadas por grandes empresas do setor após atingirem um certo sucesso.[16]

Nos anos 1960, foi montado nos Estados Unidos um modelo que viria a ser adotado no Brasil mais tarde. A consolidação do *rock* garantiu um espaço cativo no mercado para as gravadoras menores. As grandes, por outro lado, já começavam a sentir o peso dos investimentos do *star system* e de todo o custo da produção e inserção dos seus artistas dentro das mídias e do mercado. Surge, então, o sistema aberto que é uma espécie de acordo entre as grandes (*majors*) e as pequenas gravadoras (*indies*). A pequena, algumas vezes chamada de selo, realiza toda parte de agenciamento e lançamento do artista e, caso atinja um bom potencial de lucro, a grande assume sua distribuição em larga escala, dentro de toda sua rede de mídia e mercado já estabelecidos.

O disco *Sgt Pepper's lonely hearts club band* dos Beatles, lançado em 1967, foi um marco tecnológico das gravações no século XX. No processo de produção foram utilizados dois gravadores de quatro canais acoplados para ampliar e gerar um efeito de oito, inserindo a técnica do *overdubbing** nos estúdios. Após essa experiência, os estúdios foram se tornando mais do que um simples lugar de gravação. Passaram a ser também um local de experimentação sonora e inclusive de composição, permitindo que bandas e grupos, com pouco tempo de ensaio, pudessem gravar um disco, muitas vezes compondo as canções dentro do próprio estúdio. A gravação elétrica, que surgiu na década de 1920, foi a base das transformações tecnológicas seguintes que atingiram o setor musical, como a estereofonia, os recursos de *high fidelity* e a velocidade de rotação dos discos, e constituíram técnicas e avanços cruciais para a consolidação da música popular perante o público e a indústria.

Em paralelo a expansão da música popular no Brasil, especialmente com a Bossa Nova e em meio a ditadura instalada no país após o Golpe Militar de 1964, a televisão se consolidou como o principal meio de comunicação. Os populares festivais da canção no fim dos anos 1960 foram difundidos maciçamente nesse novo veículo de massa, refletindo todo espaço que a música brasileira ganhou nas décadas anteriores. Destacaram-se nesse contexto o *Festival de MPB* e o *Festival Internacional da Canção*. Em 1968, aconteceram nove com acompanhamento das emissoras de televisão, trazendo uma mídia intensa para a música brasileira. Esses festivais, que perderam força principalmente depois do Ato Institucional 5

---

* Sobreposição de sons a outros já gravados anteriormente.

(AI5) e a censura ferrenha, formaram uma base cultural para a "MPB" e também para a própria indústria fonográfica, revelando nomes como Chico Buarque, Elis Regina, Caetano Veloso, entre outros. Ao mesmo tempo, transformaram a televisão em um veículo de difusão da música popular no país. Grandes emissoras que surgiram no período expandiram suas atuações para outras mídias e setores, para dentro da indústria da música e outros segmentos, assumindo, com o tempo, até mesmo influência política na sociedade brasileira.

Em 1965, foi fundada pelas grandes gravadoras instaladas no país a Associação Brasileira dos Produtores de Disco (ABPD), que viria a se tornar uma referência de dados oficiais da indústria fonográfica nacional, assim como atuar diretamente junto a esferas governamentais em favor dos interesses dessas empresas.[17] Nesse mesmo ano, dados apontavam que o mercado nacional de discos já estava entre os cinco maiores do mundo. Para a época, esse dado poderia parecer um certo contrassenso, já que o Brasil era considerado um país subdesenvolvido, no máximo em processo de industrialização. Alheias a isso e em busca de expansão de seus mercados e produtos, as multinacionais viram no país um mercado em potencial, comprovado pelos números, o que iria se traduzir em uma expansão na década seguinte.

Como contraponto, as empresas e conglomerados internacionais enfrentaram resistência de organizações nacionais de grande porte já atuantes, como a Continental e a Copacabana. Sendo assim, até mesmo como uma forma de otimizar custos, as multinacionais acabaram optando por terceirizar alguns setores da produção ao invés de investirem em complexos parques industriais com gráficas, estúdios e fábricas de discos, pois as nacionais já possuíam essa estrutura. Era o início da terceirização musical no Brasil. O pesquisador e doutor em comunicação Eduardo Vicente afirma que "uma consequência desse conflito entre gravadoras nacionais de orientação única *versus* conglomerados de *majors* internacionais foi a de empurrar as empresas brasileiras tanto para a prospecção de novos artistas e tendências como para a exploração de segmentos marginais e menos rentáveis do mercado", o que pode ser considerado um papel análogo ao que fizeram as *indies* nos Estados Unidos.[18] Este padrão, portanto, acabou sendo reproduzido no Brasil.

Quanto maior a expansão, maior a competição. Nos anos 1960 e 1970, as *majors* buscaram incrementar seus catálogos devido a forte concorrência no setor, sendo os compactos simples e duplos o produto predominante por todo o mundo. Começou a ocorrer nessas empresas uma diversificação de mercado entre os *artistas de catálogo* e os "sucessos instantâneos": enquanto os primeiros (no Brasil representados por nomes carismáticos como Chico Buarque, Caetano Veloso, Gilberto Gil e Milton Nascimento) sustentavam uma parte do mercado com vendas pequenas e constantes, os segundos atingiam vendas expressivas somente em um curto período. Esta estratégia passou a ditar suas ações e ser um dos principais alicerces da estrutura das grandes gravadoras. Em terras tupiniquins, essa estratégia foi mantida até pelo menos os anos 1990.

Como consequência dessas práticas, a primeira grande expansão da indústria fonográfica brasileira aconteceu nos anos 1970. A maioria da população já contava com eletrodomésticos como rádio, vitrola e televisão por conta do aumento da renda *per capita* da classe média e o incentivo às indústrias de bens duráveis. Principalmente pela forte intervenção estatal na economia e na cultura feita pelo Regime Militar, essa década foi um marco no desenvolvimento da indústria da música no Brasil. Esse desenvolvimento se deu sob o efeito do chamado "milagre econômico" e a censura, que atingiu duramente a classe artística em geral.[19]

Entre outros fatores, duas ações do governo brasileiro contribuíram significativamente para a expansão da indústria cultural no país: a Lei de Benefício Fiscal da Música Brasileira, de 1967, e a reformulação do sistema de arrecadação e distribuição dos direitos autorais, com a criação do Conselho Nacional do Direito Autoral (CNDA) e o Escritório Central de Arrecadação de Direitos (ECAD), em 1973.[20] A primeira permitia que as gravadoras aplicassem o Imposto sobre Circulação de Mercadoria (ICM) dos discos internacionais, devidos no Brasil, em gravações nacionais e, como contrapartida, os produtos deveriam conter o selo "Disco é Cultura". No que tange aos direitos autorais, o sistema implementado na época foi adequado ao funcionamento das maiores empresas do setor fonográfico. As *majors* já trabalhavam para manter um monopólio de distribuição e difusão junto às principais lojas e veículos de comunicação através de práticas como o jabá ou *payola*,* que se referem a compensações financeiras dessas empresas à essas emissoras para que executem músicas de seus artistas. Nesse contexto, a questão dos direitos de execução pública cobrado pelo ECAD e repassado a seus titulares passou a ser considerado um retorno financeiro estratégico e se tornou, rapidamente, uma receita importante para essas empresas. Era, na realidade, uma retroalimentação de seus investimentos em mídia, que retornavam na forma de direitos conexos arrecadados. O grupo dos conexos passou a ser dividido entre intérpretes, músicos acompanhantes e o produtor fonográfico. No caso, este último é o dono e responsável pela gravação do fonograma, e que também fica com a maior parte do bolo. Nessa divisão as *majors* ficaram como os produtores fono-

---

* Jabá é o termo utilizado no Brasil e *payola* nos Estados Unidos, país, aliás, onde esta prática das gravadoras é considerada ilegal.

gráficos das gravações. Além disso, elas também passaram a atuar como editoras, administrando os direitos dos autores e, por esse serviço, ficam com uma porcentagem do que também é arrecadado da parte autoral, através do ECAD.

A lei de direitos autorais no Brasil passou por algumas modificações ao longo dos anos, inclusive com a posterior extinção do CNDA e a manutenção do ECAD; este último, ainda em atuação, se trata de uma Sociedade Civil sem vínculo governamental e é o responsável, por força de lei, por toda essa arrecadação e repasse dos direitos oriundos das execuções públicas. Na prática, direta ou indiretamente, o ECAD acaba sendo influenciado pelos interesses das multinacionais que representam o maior capital desta Sociedade.

Pode parecer um simples dado técnico ou histórico, mas essas leis constituem uma atuação política clara. Políticas públicas promovidas pelo governo com um intuito, um objetivo. Nesse caso, o objeto é a música e a indústria à sua volta. A médio e longo prazo, essas ações transformaram o cenário, fazendo com que o mercado passasse a agir de uma forma diferente do que agia antes. Essa nova configuração, naturalmente, favorecia os agentes em voga na época, os que detinham maior influência política, que eram as grandes gravadoras. Os compositores passaram muito longe de qualquer tipo de participação sobre essas novas políticas e, consequentemente, sobre essas alterações no mercado. Longe de estabelecer qualquer tipo de julgamento prévio, o fato é que a indústria da música se desenvolvia no Brasil e no mundo de uma forma a privilegiar o funcionamento capitalista de grandes empresas, e nem poderia ter sido muito diferente. Os compositores, intérpretes, produtores etc., foram se tornando cada um uma engrenagem de um sistema industrial que começou a ser montado na década de 1920, mais ou menos como em qualquer outro tipo de indústria que trabalha com um sistema segmentado e especializado de produção. Cada peça atua, única e exclusivamente, em uma determinada função a fim de se obter um produto final completo de alta qualidade e em larga escala. São preceitos estabelecidos desde a Revolução Industrial Inglesa que foram seguidos pela indústria da música.

Essa expansão do mercado e consolidação do processo industrial nos anos 1970 também passou pelo surgimento de tecnologias como o LP estereofônico e as fitas magnéticas ou cassetes. Estes suportes movimentaram os catálogos na época com lançamentos inéditos e também relançamentos de títulos antigos nesses novos formatos.[21] Entretanto, segundo a socióloga e antropóloga Rita Morelli, uma das pesquisadoras mais importantes de música popular brasileira, essas novidades e o crescente mercado de discos ainda não estavam amplamente difundidos entre os jovens, sobretudo os não universitários. Ela afirma que o crescimento da venda de discos nos anos 1970 não fez com que o mercado se modernizasse de forma imediata, segundo os padrões internacionais. Principalmente por conta do baixo poder aquisitivo desses jovens que conseguiam consumir, em sua maioria, compactos simples ou duplos de músicas estrangeiras.[22] Este foi um desafio marcante para a indústria fonográfica. Alcançar o público jovem e se tornar um mercado mais moderno poderia significar uma grande sobrevida diversificando os seus "públicos", o que foi ocorrer de fato somente na década seguinte.

Em 1971, a gravadora Som Livre, atrelada à Rede Globo de Televisão (fundada em 1965), lançou o primeiro disco com trilha sonora de uma telenovela. Não demorou muito para uma parte considerável do mercado de discos ser representado por este tipo de lançamento que une música (trilha sonora) e imagem (televisão). As séries dos Estados Unidos se apoiam mais em músicas incidentais e não constituem, em geral, uma trilha sonora em si, na qual uma canção representa uma personagem, a história de amor dos protagonistas etc., o que ocorre mais em filmes e, especialmente, nas telenovelas brasileiras. Elas passaram a fazer parte da vida das pessoas de uma forma muito rápida e profunda, o que não ocorreu tanto com as séries. A Rede Globo começou, inclusive, a exportar esse conteúdo a partir de 1977, tamanho alcance que suas tramas possuem.

Este contexto muito particular do Brasil criou um outro campo na indústria fonográfica, representado justamente por essas coletâneas de músicas inseridas nas telenovelas. As grandes gravadoras se viram obrigadas a estabelecer uma estreita relação com a Rede Globo para que seus catálogos figurassem nas trilhas sonoras, tanto pela grande exposição midiática quanto pelo retorno com a arrecadação das execuções públicas na televisão, além da venda de discos propriamente dita.

Era mais um elemento na retroalimentação de seus investimentos, e foi se tornando cada vez mais importante. Essa relação constituiu uma estrutura complexa de interdependência, em que a negociação para a inserção nas telenovelas funcionava (e ainda funciona) quase que paralela às atuações habituais das *majors* frente ao mercado de discos e ao restante das mídias no que tange as estratégias de *marketing*. A visibilidade obtida na televisão era um combustível eficiente para toda a exposição das músicas em outros veículos, muitas vezes de maneira passiva, gerando uma reação em cadeia sem muito esforço.

Com a crescente importância da televisão na sociedade brasileira, em especial da Rede Globo, essa relação se fortaleceu e se expandiu nas décadas seguintes. Para se ter uma ideia quantitativa dessa inserção, as maiores empresas que atuavam no mercado fonográfico no ano de 1979 eram a Som Livre (25%), CBS (16%), PolyGram (13%), RCA (12%), WEA (5%), Copacabana (4,5%), Continental (4,5%),

Fermata (3%), Odeon-EMI (2%), K-Tel (2%), Top Tape (1%) e Tapecar (1%).[23] Márcia Tosta Dias, socióloga e doutora em ciências políticas, outra importante pesquisadora de música popular, considera a Som Livre uma certa exceção nesses dados, principalmente devido à sua situação privilegiada de se limitar somente em escolher as músicas e negociar a parte dos direitos autorais. Além disso, a empresa está inserida em um sistema de difusão e promoção com verba destinada à própria Rede Globo; a divulgação de seus produtos passa pela sua rede de televisão, a custo zero ou muito baixo, o que não ocorre com as outras gravadoras. Independente disso, não se pode negar que parte expressiva do mercado brasileiro passou a se basear nas negociações das trilhas para as telenovelas. De um jeito ou de outro, sendo considerado uma exceção comercial ou não, na prática boa parte do capital movimentado tanto na difusão quanto na distribuição de música no Brasil passava pela Som Livre e pela Rede Globo, gerando um panorama diferenciado tanto de mídia quanto de consumo de música quando comparado a outros países. Ainda que anos mais tarde a Som Livre acabasse sendo ultrapassada pelas multinacionais, a negociação para participar das trilhas sonoras continuou tendo um lugar cativo na estratégia de difusão e promoção das gravadoras atuantes no Brasil.

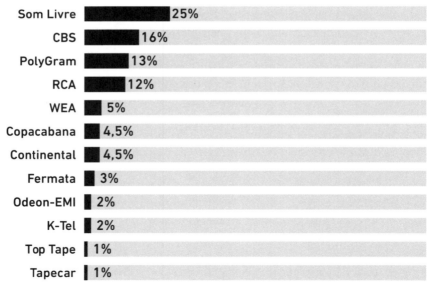

Gráfico – Porcentagem de atuação das empresas fonográficas no Brasil em 1979
Fonte: DIAS (2000), p. 74.

Os anos 1970 também foram marcados pela consolidação da música estrangeira no país. As multinacionais destinavam boa parte de seus esforços a replicar os discos de suas matrizes para aproveitar os incentivos fiscais fornecidos pelo governo brasileiro. Essas empresas já dominavam a maioria do mercado nacional, constituindo um monopólio do mercado e da mídia. Diversas empresas se instalaram no país e as que já estavam aumentaram seus investimentos a fim de enfrentar a forte concorrência no setor. O Tropicalismo, movimento que se desenvolveu durante essa década, talvez seja a síntese dessa influência estrangeira na música brasileira. É através desses artistas que aconteceu a entrada definitiva do *rock*, com forte influência inglesa e estadunidense. Caetano Veloso, Gilberto Gil, Tom Zé, Maria Bethânia, entre outros, valorizavam a imagem e o comportamento, e a crítica foi mais cultural do que política. O movimento tinha a intenção de mostrar que elementos estranhos ao gosto popular também faziam parte da música brasileira, e não somente Bossa Nova e samba.

O sociólogo e historiador José Roberto Zan traz a ideia de um princípio de autonomização no campo cultural a partir dos anos 1970. Ele aponta que, na década anterior, havia uma intersecção entre cultura e política baseada na resistência ao regime ditatorial. Ocorre em seguida, segundo ele, uma certa despolitização, provavelmente associada tanto à própria repressão imposta pela ditadura quanto a essa possível autonomização.[24] Coincidentemente ou não, o disco *Feito em casa* de Antônio Adolfo (1977) é produzido completamente fora do circuito industrial das grandes gravadoras. Segundo vários autores e pesquisadores, este disco é considerado um marco nas produções autônomas do país. Ele sintetiza a insatisfação da classe musical em resposta à expansão do mercado dominado pelas multinacionais e as músicas estrangeiras, demonstrando incômodo com as demandas de rápido e alto retorno praticadas e que deixavam de lado a "autêntica" música nacional.

Ainda nos anos 1970, houve um outro fator tecnológico relevante. Foi a primeira gravação digital, conhecida como PCM. O processo de gravação "multipista", ou seja, gravação de instrumentos separados em canais não tocados ao mesmo tempo, já estava disponível nos estúdios após o fenômeno dos Beatles. E, no final da década, surgiu o Portastudio Tascam, que era um aparelho portátil de gravação de quatro canais que utilizava fita K7.[25] Com essas técnicas, teve início a cultura da fita demo, na qual os artistas começaram a experimentar uma independência no processo de gravação para, ao menos, gravar uma demonstração do seu trabalho para enviar a gravadoras ou, até mesmo, casas de *show* e eventos prospectando apresentações e outros tipos de trabalho com sua obra. Foi, novamente, um fator tecnológico alterando dinâmicas do mercado da música e fornecendo condições a alguns agentes que poderiam tentar outro tipo de atuação que antes não tinham condições de realizar nas estruturas estabelecidas.

Com o mercado "oficial" e a indústria fonográfica mais estruturados, nos anos 1980 começou a acontecer uma concentração de empresas e conglomerados, transações comerciais de grupos maiores comprando os menores ou, simplesmente, fusões de gravadoras. Em paralelo, o mercado fonográfico mundial passou por uma forte retração causada, entre outros fatores, por consecutivas crises do petróleo, a matéria-prima para fabricação do vinil, que é a base dos LPs. Após ser descoberto que o petróleo é uma fonte esgotável de energia, os principais países produtores decidiram aumentar o preço e reduzir sua produção, gerando uma reação em cadeia que afetou toda a economia mundial. Isso aumentou as dívidas de países latinos como o Brasil, além de uma série de moratórias, conflitos armados e embargos econômicos. Todo esse contexto fez com que diversas empresas adotassem estratégias mais conservadoras de gestão e investimentos.

Depois de se consolidar como o quinto maior mercado do mundo, no final dos anos 1970, o setor fonográfico brasileiro atravessou um longo período de perdas se recuperando somente no início dos anos 1990. O contexto era de fim da Ditadura Militar, longo processo de redemocratização passando pela nova constituição de 1988 e as eleições diretas para presidente no ano seguinte, além de uma série de desajustes econômicos. De acordo com orientações das suas matrizes, as gravadoras no Brasil adotaram modelos de gerenciamento mais conservadores, como o de *acumulação flexível*, substituindo uma estrutura vertical de gerência por uma em rede ou horizontal.[26, 27] As *majors* intensificaram a terceirização de serviços tornando-se grandes escritórios executivos e, ao mesmo tempo, "reforçaram o controle sobre a divulgação e a distribuição de fonogramas para garantirem o monopólio do mercado".[28] Ou seja, enquanto controlavam divulgação e distribuição, elas terceirizaram os riscos de investimento das novidades para as gravadoras e selos chamados de "independentes", a exemplo do que já havia acontecido nos Estados Unidos décadas antes.

Em 1979, foi anunciado o desenvolvimento do CD (*Compact Disc*), que marcou a era digital na música. Sua utilização comercial começou em 1982, e a utilização desse novo suporte também foi uma consequência das mudanças provocadas pela crise na indústria fonográfica, visando otimizar os lucros. No entanto, no Brasil, os CDs passaram a ter preços mais acessíveis para a população somente no final da década.

Nesse cenário de crise global do setor, apesar do Brasil ter registrado números expressivos de vendas de discos desde meados dos anos 1960, as *majors* aumentaram sua seletividade, racionalizaram sua atuação e reduziram elencos. Surgiram iniciativas fora deste circuito, mas logo foram englobadas pelas grandes gravadoras. O grupo Boca Livre e o compositor Oswaldo Montenegro são alguns exemplos, o que confirma o papel de alguns selos e artistas do setor de serem um celeiro e uma prospecção de nicho de mercado para essas empresas que terceirizavam etapas de sua produção para reduzir os riscos.

No início dos anos 1980, o Teatro Lira Paulistana e a chamada Vanguarda Paulista representaram uma convergência da demanda criativa atrelada ao cenário universitário da cidade de São Paulo, que não estava representado na indústria fonográfica nacional, desenvolvendo um circuito de *shows* por onde passaram Arrigo Barnabé, Itamar Assumpção, Premeditando o Breque, Língua de Trapo e Grupo Rumo, além de bandas tradicionais do cenário *rock* como Titãs.[29] A atuação do Lira Paulistana no mercado nacional, que posteriormente virou selo, chamou a atenção da mídia tanto pela diversidade estética dos artistas quanto pelo desempenho de vendas, ultrapassando a marca de dez mil cópias vendidas já em seus primeiros discos. Em 1982, o selo Lira Paulistana se associou à tradicional gravadora Continental para, entre outras coisas, encampar um ambicioso projeto de circulação e distribuição nacional, o que nunca chegou a acontecer e o selo encerrou suas atividades poucos anos mais tarde.

De acordo com Eduardo Vicente, seria realmente muito fácil atribuir esse aparente insucesso comercial à falta de experiência de alguns agentes e artistas no ramo fonográfico.[30] Todo esse contexto de crise, inflação galopante e atrasos tecnológicos da indústria nacional, tornaram o cenário inóspito até mesmo para as grandes gravadoras. Seria realmente muito difícil uma iniciativa arrojada e fora do contexto industrial prosperar nesse cenário economicamente caótico. Apesar disso, o fato é que o Lira Paulistana e os artistas à sua volta atingiram um grande público. Não são muitos artistas, em qualquer tempo, que alcançam a marca de dezoito mil cópias vendidas em três meses, como o disco *Beleléu, Leléu, eu* (1981) de Itamar Assumpção, ou vinte e cinco mil como o Língua de Trapo e seu *álbum* de estreia, em 1982. Se formos traçar análises estéticas sobre os grupos em volta desse movimento, o que demandaria outras teses e estudos, vários artistas da Vanguarda Paulista influenciaram as gerações seguintes tanto quanto Caetano Veloso ou Gilberto Gil. O que entendemos ou consideramos como "sucesso" ou "fracasso" já vem sofrendo modificações desde os anos 1980. A dinâmica da indústria da música, a partir dessa década, começou a traçar outros parâmetros de interação com o público e o mercado. O artista começou a ficar mais próximo dos seus fãs, e as novas tecnologias digitais surgidas na década seguinte escancarariam de vez essa tendência, reposicionando vários agentes dentro da própria indústria. No Brasil, considero o Lira Paulistana e o seu legado a grande quebra desse paradigma, quando começou a se pensar, de forma mais consciente e com um discurso sólido, em alternativas aos modelos industriais estabelecidos desde o início do século XX.

O desenvolvimento dessa cena paulistana, nos anos 1980, contudo, se deu à margem do principal produto da indústria fonográfica brasileira na época: o *Rock* Nacional ou *BRock*. Do cenário de Brasília surgiram alguns dos grupos de destaque do gênero, que tinham um discurso jovem, de rebeldia, em sintonia com o sentimento de liberdade do fim da ditadura e o movimento de Diretas Já. Nesse sentido, foi o *Rock* Nacional que forneceu o produto ideal capaz de modernizar o mercado da música, compartilhando o prestígio da MPB e tornando o engajamento político algo massivo, através do movimento pelas eleições diretas se estendendo até a mobilização nacional pelo *impeachment* do presidente Fernando Collor de Mello, no início dos anos 1990.[31] Essa modernização representava, na realidade, a conquista de um novo mercado. Os jovens passaram a ter condições de consumir mais músicas, e por essa razão outros nichos e perspectivas comerciais se abriram tornando a indústria da música nacional mais complexa.

Entre o final dos anos 1980 e o início dos anos 1990, o Brasil se inseriu definitivamente nos fluxos culturais mundializados, surgindo novos segmentos no mercado fonográfico como o sertanejo romântico ou o neo-sertanejo. Em meio a diversas crises, o setor voltou a crescer somente na metade dos anos 1990, auxiliado pela recuperação da economia e também pelo Plano Real de 1994, que trouxe as bandeiras de combate à inflação e estabilidade econômica. Por esses fatores, o mercado nacional cresce novamente recuperando o sexto lugar no *ranking* mundial em 1996.[32] Provavelmente, como uma consequência dessa recuperação e também da modernização do mercado, a segmentação continua e gêneros como o *Pagode*, o *Axé Music* baiano, o *Manguebeat* pernambucano e o *Rap Nacional* se consolidam e articulam elementos locais e globais.[33]

Entretanto, a palavra que talvez ecoe mais alto quando se fala em mercado fonográfico nos anos 1990 seja *tecnologia*. Vários autores apontam o desenvolvimento de suportes novos e técnicas aprimoradas como elementos essenciais para as mudanças que afetaram duramente o setor nessa década. Os suportes digitais, em especial o MP3, vieram para modificar completamente a relação entre criadores de música, distribuidores e público. As transformações ocorridas na indústria fonográfica têm desdobramentos e causas complexas, o que será abordado mais a fundo na sequência. Porém, por uma perspectiva histórica, é nítido que *softwares* de edição, *plugins*, sintetizadores, aparelhos portáteis, e outros mecanismos de produção musical constituíram a base dessas mudanças. A tecnologia digital permitiu uma maior democratização tanto da produção quanto do acesso e reprodução de música, alterando o *status quo* de praticamente todos os agentes envolvidos na cadeia produtiva, criativa e formativa da música. A partir do momento que dezenas de *softwares* de edição e gravação de música puderam ser facilmente obtidos e difundidos, o compositor também pôde realizar a "construção de uma performance virtual".[34] Através do protocolo MIDI, por exemplo, é possível compor qualquer tipo de música sem um músico sequer, baseado em instrumentos virtuais, manipulados com opção de escolha de sons e timbres específicos de cada um deles. Claro que a performance de um bom músico continuou essencial para a qualidade do trabalho musical. Porém, independente da qualidade ou da finalidade desse tipo de gravação, o fato é que a composição se tornou extremamente acessível após o surgimento das técnicas digitais de música.

Além dessas técnicas e tecnologias digitais, vale ressaltar outros dois pontos importantes nesse contexto de transformação, que estão relacionados entre si e são consequências diretas do mundo digital: o crescimento da economia informal ou pirataria e o barateamento dos custos de produção.

Sobre a pirataria, ainda que ela ocorresse no Brasil desde os anos 1980 com as fitas magnéticas, a gravação digital e a consolidação do comércio de microinformática no país, nos anos 1990, foram determinantes para uma rápida expansão desse comércio "não oficial". A venda de fitas cassetes falsificadas nos anos 1980 chegou a representar 35% do mercado brasileiro, enquanto que a de CDs alcançou 53%.[35, 36] Esses dados colocaram o Brasil entre os dez países prioritários para a ação anti-pirataria da Federação Internacional da Indústria Fonográfica (IFPI), segundo informações da própria entidade. A pirataria é apontada por muitos especialistas, críticos e profissionais ligados à grande indústria como o principal fator para a forte crise enfrentada pelo setor no período. Entretanto, há dúvidas se este fator representa, de forma isolada, o único ou até mesmo o principal motivo para a queda do mercado fonográfico, o que será abordado mais adiante.

Somado a isso, o desenvolvimento de tecnologias de gravação digital proporcionaram uma redução do custo de produção, o que começou a oferecer alternativas aos grandes estúdios e às produções musicais que sempre exigiam altos investimentos. O gravador multipista Adat, com oito canais, surgido no início da década, foi o principal responsável pelo início desse processo. Através das fitas

Super VHS e com a possibilidade de acoplar mais Adats caso fossem necessários mais canais para a gravação, o custo da produção caiu significativamente em comparação à gravação multipista realizada através das fitas magnéticas. Com uma mesa de som, um ou mais desses novos gravadores e alguns microfones, artistas, compositores e cantautores passaram a montar pequenos estúdios caseiros para suas gravações, conhecidos como *home studios*. Esses estúdios se desenvolveram e ficaram cada vez menos custosos, o que permitiu uma independência maior do processo de produção musical. Essa possibilidade de se ter um estúdio digital de qualidade a custos baixos gerou uma pulverização da produção musical, possibilitando um retorno de vendas com quantidades menores de discos.[37] Esse é mais um indício de que existem muitos fatores que causaram um rearranjo da indústria da música após a década de 1990.

Esses dois fatores, portanto, foram essenciais para a criação de um outro contexto dentro da indústria fonográfica no Brasil. Mais próximo do final da década de 1990, houve um renascimento do chamado cenário independente, com o surgimento de diversas gravadoras e pequenos selos nacionais. Muitos deles tinham relações diretas ou foram montados a partir de convênios com as grandes gravadoras, que apostavam cada vez mais na terceirização da produção e no controle dos meios de distribuição e difusão. É nesse contexto de crises, novas tecnologias e atuações mais diversificadas de novos e velhos agentes da cadeia produtiva que começaram a surgir estruturas de produção viáveis fora do contexto industrial das *majors*.[38]

Essa *reconfiguração* do cenário independente foi chamada de *Nova Produção Independente* pelo pesquisador Leonardo de Marchi e também pelo produtor musical e empresário brasileiro João Marcelo Bôscoli.[39] As multinacionais estavam reestruturando suas ações a fim de otimizar os lucros, o que era sinônimo de terceirização e redução de seu elenco. Sendo assim, a reorganização desse setor chamado "independente" era eminente, e contou com ex-profissionais das próprias *majors*. A profissionalização de suas produções era o principal objetivo, tanto que Almir Chediak, fundador da editora e gravadora Lumiar, afirmava que "o importante nas produções independentes é que elas não tenham cara de independente", no intuito de se afastar da imagem artesanal e amadora que o termo adquiriu nas décadas anteriores.[40]

Ao mesmo tempo, as grandes gravadoras buscavam alternativas para se firmar na venda legalizada de música pela internet. A venda de CDs e DVDs, estes últimos responsáveis pela recuperação da indústria fonográfica nacional no fim dos anos 1990, caiu 12,9% do ano de 2004 para 2005. A venda de música digital passou a ser, então, a nova esperança e aposta para alavancar novamente o comércio fonográfico, e as *majors*, de fato, prepararam diversas estratégias para se consolidar neste mercado que se apresentava. Dados oficiais da Federação Internacional da Indústria Fonográfica (IFPI) mostram que a indústria fonográfica mundial caiu 7% em 2009, porém no Brasil, e em mais 12 países, apresentou crescimento devido à venda de música digital.[41]

A indústria da música brasileira passou a se dividir em dois modelos distintos de negócios denominados *majors* e *indies*, aproveitando termos conhecidos e estabelecidos na literatura sobre o tema. Esta divisão se refere apenas aos modelos de negócio musical em si e suas estruturas de produção, distintos entre esses dois grupos. Não tenho a intenção de estabelecer uma discussão ideológica ou dicotômica entre um e outro e seus respectivos modelos e métodos, como muitas vezes pode aparecer em outras abordagens. Esses termos foram utilizados para facilitar a compreensão, pois já são amplamente conhecidos e se referem apenas ao modelo de negócio em que se baseiam essas diferentes empresas.

A expressão *major* é usada por vários autores para identificar todas as gravadoras transnacionais, conglomerados internacionais, que atuam em múltiplos setores e diversificam seus negócios, investindo em cultura e entretenimento, dentro de uma lógica industrial de produção e conquista de mercado.[42] Apesar de alguns pesquisadores discordarem, a Som Livre deve ser incluída nesse modelo pois, apesar de ser nacional, também trabalha de uma forma muito parecida com as multinacionais.

Já as *indies* representam, principalmente, esta *Nova Produção Independente*, um modelo de negócio alternativo estabelecido nos anos 1990. Elas podem ou não ter vínculo com uma ou mais *majors*, são empresas nacionais e se relacionam mais diretamente com a "cena alternativa". Em um primeiro momento, elas exploraram nichos de mercado como o *rap* nacional, música eletrônica, música brasileira de raiz e a nova música popular brasileira e preencheram um *gap* do mercado que as *majors* demoraram mais para alcançar, especialmente no espaço digital e na internet.[43] E, também, deram vazão a uma vasta quantidade de produção musical que não cabia dentro das grandes gravadoras, seja por falta de interesse das mesmas ou qualquer outra razão. A estrutura de produção das *indies* está ligada diretamente ao barateamento dos custos de produção, o que abriu novas possibilidades nesse campo.

Além desses dois modelos, aponto ainda um terceiro. Especialmente a partir dos anos 2000, vários compositores e produtores começaram a se desenvolver e se organizar no Brasil atuando profissionalmente com suas próprias empresas, filiados a cooperativas regionais ou associados a outros pequenos selos, muitas vezes não contabilizados entre as *indies*, ou simplesmente de forma puramente autônoma. Estes agentes são designados como *autoprodutores*, e representam parte expressiva da produção musical brasileira desde o final da década de 1990 e início dos anos 2000. Eles se articulam em diversos eventos nacionais e circuitos como festivais, fóruns, feiras e empórios de música e outros que ocorrem em todas as regiões do país. Surgiram em um contexto em que já era possível iniciar e estruturar a produção de uma forma não vinculada aos outros modelos pré-existentes, principalmente às *majors*. Em outras palavras, já existiam ferramentas suficientes de produção, difusão e distribuição que possibilitaram que esses agentes escolhessem o direcionamento e as estratégias das suas produções. O surgimento dos *autoprodutores* representa uma quebra de paradigma no papel do compositor (principalmente os cantautores) frente ao mercado de música no Brasil pós anos 1990, adquirindo uma atuação mais ativa e consolidada. Quando Interlocutor Geral do Fórum Nacional da Música, pude perceber diversos grupos, artistas e organizações que trabalhavam de forma autônoma no mercado musical em diversas regiões do país.[44] Inclusive, a atuação de vários deles gerou uma articulação política importante frente a esferas governamentais pressionando por medidas que atendessem às suas reinvindicações, algo inédito e impensável na década de 1970. E chegaram a participar de forma efetiva da implementação de novas medidas oriundas de leis e decretos tanto do Governo Federal quanto nas esferas estaduais e municipais.

A partir dos anos 2000, portanto, temos um cenário político bem diferente na indústria fonográfica bem como na indústria da música no país. A atuação política desses três modelos de negócio gerou conflitos e embates que tinham o objetivo de sustentar seus modelos e propor a criação de novos mecanismos que atendessem suas demandas. Em duas décadas, o setor musical no Brasil passou a ter pelo menos duas outras formas de produção viáveis economicamente e competitivas em termos de mercado. Nada mais natural do que organizações representativas desses agentes passarem a atuar politicamente, de forma mais incisiva, em defesa de seus interesses, pressionando as estruturas vigentes. Essa discussão será mais aprofundada nos capítulos seguintes.

Por outro lado, também é natural que ocorra uma migração entre as estruturas de produção. E realmente não há nenhuma regra para isso. Um exemplo bem simples é um artista de renome, seja pelo fim normal de seu contrato com uma *major* ou pela quebra do mesmo, passar a integrar o catálogo de um selo nacional (*indie*) ou montar seu próprio escritório, equipe de produção e *marketing* para gerenciar sua carreira (*autoprodutores*). Ou, ainda, um artista mais novo, que começou a desenvolver sua carreira de forma autônoma (*autoprodutores*), estabelecer uma parceria com uma *indie* ou ser contratado por uma *major*. Exemplos dessas migrações não faltam. Relações comerciais entre os três modelos de negócios ocorrem de forma direta e indireta. Não tenho a intenção de estabelecer qualquer tipo de julgamento entre "certo" e "errado" ou de alimentar qualquer tipo de pensamento maniqueísta entre as estruturas de produção, mas sim de contribuir com as discussões a fim de atingirmos um panorama mais realista de como ficou a indústria da música no Brasil pós *revolução digital* e traçar possíveis tendências futuras. Como consequência desse novo cenário, a indústria da música brasileira se ramificou ainda mais e diversas possibilidades foram abertas pelas novas estruturas de produção. O terceiro modelo, os *autoprodutores*, é o que menos foi investigado até o momento, e é ele, justamente, que será abordado mais a fundo nas próximas seções. Procuro, também, aprofundar os debates sobre a *revolução digital* e ponderar sobre uma suposta crise ou *reconfiguração* que afetou o mercado de música no Brasil, além também de estabelecer uma diferença mais concreta entre indústria da música e fonográfica. Colocando o barco pra navegar, precisamos conhecer um pouco mais o oceano para tentar, ao menos, prever a maneira mais segura possível de seguir a rota escolhida.

#02 DIRECIONANDO O NAVIO EM MEIO À TORMENTA DA RECONFIGURAÇÃO

#02

DURANTE A DÉCADA DE 1990 até o começo dos anos 2000, estabeleceu-se quase que um consenso, principalmente através da imprensa, de que a indústria fonográfica mundial está em crise, ou que o CD está com seus dias contados, ou qualquer outro tipo de visão catastrófica e pessimista. Entretanto, são raros os debates nos veículos de comunicação que trazem dados substanciais ou pontos de vista que tentem explicar o que acontece neste tipo particular de indústria, que tem na música popular o seu principal produto. Não são muitos os produtos que sofreram tantas modificações nos seus formatos e suportes em tão pouco tempo como a música. São poucos produtos, também, que possuem uma significação além do que seu uso cotidiano permite, que, no caso, extrapola o simples fato de escutar ou comprar um disco. Por esses e outros motivos é que precisamos compreender o que está por trás dos números e dados que nos são trazidos, para termos uma visão mais sistêmica e realista do que acontece com a indústria da música no mundo. Neste caso, especificamente com a brasileira.

Indústria da Música x Indústria Fonográfica

Em um cenário tão complexo quanto a música e toda a cadeia que a cerca, milhares de empregos são gerados por ano no Brasil e no mundo e uma enorme quantidade de recursos são movimentados pelo setor. Entretanto, ainda são insuficientes os dados oficiais sobre, por exemplo, mercado, emprego, acesso e equipamentos da música e da cultura no país.

Os dados mais completos encontrados datam de um estudo de 2007, realizado pelo Instituto de Pesquisa Econômica Aplicada (IPEA), em parceria com o Ministério da Cultura. Esta pesquisa avalia e registra acesso, emprego e financiamento na área cultural entre os anos de 1994 e 2002, além de outras informações sobre políticas culturais nos anos seguintes.[1] Segundo esse estudo, o setor cultural representava 5,8% do conjunto do mercado de trabalho total no Brasil em 2001. Se excluirmos o setor educacional (professores de música e artes em escolas, por exemplo), esse número cai para 2,6% do mercado de trabalho global no país. Mesmo assim, são números significativos que querem dizer que mais de 3 milhões de brasileiros trabalham com arte, seja como educadores ou como músicos, artistas, cineastas, técnicos etc.

O estudo ainda faz uma divisão entre os segmentos da cultura e outros correlatos, como comunicação de massa e até mesmo o esporte. A música e outras áreas, como o cinema e o circo, representavam em 2001 pouco mais de 200 mil trabalhadores do total. Todos esses números, ainda segundo a pesquisa, são considerados relevantes, em "especial se comparados com o de outros países de tradição e forte dinamismo das indústrias culturais", o que corrobora a posição de protagonista do Brasil no mercado cultural mundial.[2]

Apesar de trazer dados importantes, esse estudo ainda necessita uma atualização, pois o dinamismo do setor só tende a aumentar a complexidade dos números. Ainda com um grande volume de trabalhadores informais, o que torna mais difícil a quantificação de empregos e recursos, certamente existem muitas informações não contempladas nessa pesquisa. E, se quisermos ter uma ideia específica sobre a indústria da música e a indústria fonográfica, precisaríamos de uma lupa para enxergar informações precisas nesses dados, além de somar com vários outros.

Pois bem, tentando pegar essa lupa e passar nesse cenário, logo de início nos deparamos com uma confusão bem comum entre indústria da música e indústria fonográfica, se são a mesma coisa ou até onde uma começa e a outra termina. Mestre em música, Lucas Françolin da Paixão traça uma diferença interessante entre esses dois campos. Segundo ele, a indústria cultural como um todo faz parte de uma engrenagem ainda maior que é o sistema capitalista vigente. Esta, por sua vez, se subdivide em diversas outras, dentre elas a indústria da música. A indústria fonográfica seria uma parte da indústria da música, e não o contrário e, muito menos, um sinônimo. A primeira compreende questões relacionadas ao comércio de música gravada em algum suporte de áudio, seja para o mercado de venda de discos, *downloads* ou, até mesmo, em vídeos, cinema e publicidade.[3] A indústria da música compreenderia, portanto, "todo o resto" da cadeia produtiva, criativa e também formativa ligada à música, sendo os *shows*, concertos, projetos especiais, demais tipos de difusão, técnicos, e, claro, o compositor. De uma forma bastante didática, o gráfico abaixo ilustra a indústria da música e a indústria fonográfica e suas ramificações e correlações:

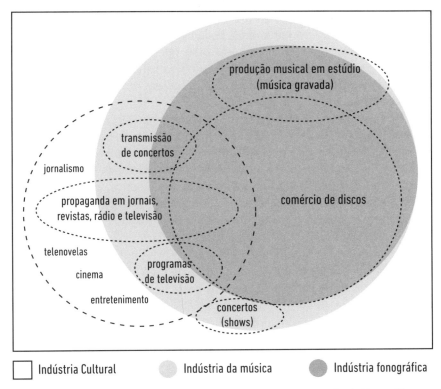

Ilustração comparativa entre Indústria da Música e Indústria Fonográfica.
Fonte: PAIXÃO (2013), p. 39.

Por este diagrama é possível termos uma noção básica do que está envolvido em cada uma dessas indústrias, relações e subsegmentos e, até mesmo, atividades que estão deslocadas, demonstrando interação com outras indústrias. A partir dessa delimitação, portanto, podemos estabelecer de uma forma mais realista e pragmática as transformações e mudanças ocorridas na indústria da música como um todo, com foco no período pós anos 1990.

Crise ou *reconfiguração*?

Se nos apegarmos a uma definição do próprio dicionário de língua portuguesa, crise seria "um momento perigoso ou difícil de uma evolução ou de um processo; período de desordem acompanhado de busca penosa de uma solução". No campo econômico, um setor está em crise quando há uma queda expressiva nas vendas ou retração de mercado, por exemplo. Em contraponto, podemos chamar de *reconfiguração* um rearranjo (quase sempre desordenado) de estruturas vigentes, uma reorganização.

Imagine que você está segurando um pote ou uma bandeja com alguns grãos diferentes, como arroz, feijão, ervilha e milho, de forma ordenada. Por alguma razão (não importando qual, por enquanto), você movimenta bruscamente esse recipiente. Não seria difícil dizer o que acontece: alguns grãos caem para fora e é bem provável que todos tenham mudado de lugar, mas não necessariamente foram para lugares melhores ou piores que antes. É difícil ter certeza, por exemplo, se o grão de arroz, agora, conseguiu estar mais exposto ao sol do que o de feijão, em um espaço tão pequeno. Através dessa imagem simbólica, podemos tentar transpor essa situação para um cenário econômico que se ajusta a essas "sacudidas", que ocorrem sucessivamente. O intuito dessas discussões é justamente compreender quais são esses movimentos, como eles acontecem e por que eles provocam crise ou *reconfiguração*.

Os dados oficiais que apontam para uma crise na indústria da música no Brasil e no mundo são, quase sempre, fornecidos pelas instituições ligadas ao grande cenário fonográfico, como a Associação Brasileira dos Produtores de Disco (ABPD) e a Federação Internacional da Indústria Fonográfica (IFPI). Daí, talvez, tenha surgido a grande confusão ou a impressão (que pode, em um primeiro momento, parecer lógica) de que se a indústria fonográfica está em crise, logo toda a música e sua cadeia estão comprometidas. A IFPI relata que, em 2009, "a queda no tamanho do mercado fonográfico global foi de 7,2%, atingindo 17 bilhões de dólares no ano", sendo que "a maior parte desse impacto foi provocada pelos mercados dos Estados Unidos e do Japão".[4]

Se compararmos dados desde o fim dos anos 1990, vemos que, no Brasil, entre 1997 e 2003, a retração nas vendas de discos chegou a 50% em valores nominais, segundo dados da ABPD.[5] São diversos números que apontam uma queda abrupta em um período de pouco mais de 10 anos, tanto na venda de discos como na retração do mercado e da indústria fonográfica. E são dados realmente significativos. Essas pesquisas refletem um fato, muito conhecido do público e também dos diversos autores preocupados com o tema da indústria cultural.

A queda na popularidade das antigas lojas de disco, além de corroborar esses dados, talvez nos mostre mais do que os números em si e apontem para uma nova e mais radical transformação no setor, que ocorre mais precisamente desde a década de 1990. Os jovens deixaram de ter o costume de comprar o último lançamento de sua banda favorita, como faziam anteriormente. Mas não porque se interessam menos por música; inclusive, os jovens talvez nunca tenham se interessado tanto por música justamente após essa década. As fitas cassete, extremamente populares nos anos 1980 e até metade dos 1990, praticamente sumiram das lojas de departamento. Ainda que estas constatações possam soar um tanto quanto óbvias, nos fazem indagar se estamos realmente diante de uma crise ou *reconfiguração* dos modelos de negócio da música. Os jovens passaram a buscar menos discos porque há menos oferta? As produções musicais de novos materiais passaram a ocorrer em menor quantidade? Ou eles simplesmente passaram a encontrar o que procuravam em outro lugar? E isso seria, inclusive, apenas um dos aspectos a ser analisado.

Segundo alguns pesquisadores, já é evidente, há algum tempo, que as multinacionais do setor fonográfico não possuem mais o controle total das vendas de música.[6] E talvez por isso é que haja um amplo discurso de crise em todo setor por parte dessas empresas. Elas estariam, simplesmente, tentando reagir a um novo panorama que, em determinado momento, não lhes foi favorável economicamente e, através deste discurso, tentavam pressionar a opinião pública e os governos para intercederem a seu favor. A queda na venda de discos seria, na verdade, apenas um dos reflexos de um conjunto amplo de transformações ocorridas na época que nem os dados oficiais e nem as próprias gravadoras conseguiam mensurar.

Entretanto, entre outros fatores, o que se coloca em cheque frente aos avanços tecnológicos pós anos 1990 é o próprio sistema oligopólico montado pelas grandes empresas fonográficas nas décadas anteriores. Alguns estudos apontam que essas empresas subiam o preço de seus produtos de forma continuada e detinham, no final dos anos 1990, 85,28% do mercado mundial de discos. No ano 2000, as cinco principais multinacionais do setor foram processadas por 30 governos locais estadunidenses por combinar preços de CDs com redes de varejo para aumentar seus rendimentos.[7] Mesmo ainda não diferenciando o que seria indústria da música e fonográfica, estes são alguns estudos que apontam para uma adoção de diversas práticas comerciais protecionistas por parte das multinacionais no intuito de produzir e manter, mesmo que de forma artificial, o monopólio do tripé das produções musicais: produção, difusão e distribuição. Não faltaram razões para o surgimento de outras alternativas competitivas nas décadas seguintes.

Este modelo empresarial, estabelecido na indústria fonográfica de vários países ocidentais, revelou inúmeros problemas frente às novas tecnologias, inclusive a falta de competitividade em um novo mercado que se apresentava, extremamente mutante e instável. Segundo a pesquisadora Monique Pereira Ibitinga de Barros, a indústria fonográfica atravessava sua pior crise, e a causa central eram os caminhos alternativos que foram desenvolvidos para a obtenção de música que fugiam à maneira tradicional, ou seja, a compra de disco.[8] A meu ver, esse é um dos pontos centrais das transformações que aconteceriam nos anos seguintes. Pensando novamente no recipiente com os grãos, podemos traçar um simples paralelo com a indústria fonográfica, quando pensamos que uma série de fatores, tecnológicos ou não, causaram uma avalanche nas estruturas vigentes e onde estava o arroz, agora, está o milho. Além disso, caíram mais milhos no recipiente do que havia antes, e o pequeno espaço teve que abrigar mais grãos de forma repentina. A perspectiva da *reconfiguração* passa a ser, portanto, mais propícia, abrangente, imparcial e menos conformista do que qualquer outra abordagem para compreender a dança das cadeiras na indústria da música como um todo.

Voltando à figura que ilustra a indústria da música e a indústria fonográfica, podemos imaginar, então, que o círculo que representa a primeira pode muito bem ter aumentado ainda mais de tamanho com o surgimento de novas tecnologias, novos suportes e mídias, ao passo que o círculo que representa a segunda foi reduzido. Não seria absurdo trazermos à tona esta hipótese, principalmente levando em conta os novos suportes digitais surgidos no final dos anos 1990 e difundidos maciçamente nos anos 2000.

Estes novos suportes estão no centro da erupção vulcânica da tecnologia no período, e proporcionaram uma mudança significativa em vários aspectos diferentes da música, entre eles, fornecendo diversas alternativas para a composição, produção e difusão musical. O *suporte* MP3 está diretamente relacionado com a decadência do *álbum* como produto (e não como conceito), amplamente utilizado pela indústria fonográfica desde os anos 1960.[9]

Foi no final dos anos 1990 que alguns programas de execução e compartilhamento desse tipo de arquivo na internet surgiram e se popularizaram. Podemos citar o Winamp, que teria sido o primeiro a facilitar o acesso à sua execução, e o Napster, que possibilitou a criação de uma rede eficiente de distribuição musical através do MP3.

A relação deste suporte e desses programas com o conceito de *álbum* levanta algumas questões interessantes. De fato, no que diz respeito ao produto musical, não há dúvidas de que essas novas ferramentas transformaram e continuam transformando a indústria fonográfica no Brasil e no mundo. Os números que apontam quedas bruscas nas vendas de disco (que em sua maioria podem ser considerados *álbuns*) e a mudança de foco dos consumidores de música em geral, com relação ao *produto*, corroboram fortemente esta constatação. Entretanto, a relação do compositor e principalmente do cantautor com o *álbum* e a implicação em seu trabalho musical em um cenário que atravessou, e ainda atravessa, uma grande *reconfiguração* parece indicar um outro caminho. Os artistas continuam produzindo discos (ainda que com vendagens menores) e investindo em uma obra conceitual, mais ou menos nos mesmos moldes estabelecidos desde meados do século XX. O que provavelmente tenha mudado é a relação com o produto físico (o disco), que pode ser considerada uma das características variáveis nos diferentes modelos de negócio da indústria da música no Brasil (*majors*, *indies* ou *autoprodutores*). Portanto, ao contrário do que indicam alguns estudos, há uma decadência do *álbum* como produto, mas não como formato e conceito. Este, inclusive, sofreu transformações com a adição de novos atrativos; diversos artistas, dos diferentes modelos de negócios, apostam em uma ampliação do formato agregando outros elementos como uma revista, poesias, fotografias, uma embalagem mais sofisticada, distribuição gratuita pela internet e várias outras estratégias, na intenção de chamar a atenção do público para outros aspectos além da música gravada, esta sim obtida cada vez mais facilmente, principalmente através do MP3. Seja físico ou virtual, em um CD ou *pendrive*, em uma fita ou LP, o *álbum* continua sendo o motor dos trabalhos musicais.

As estruturas dentro da indústria da música estão se reacomodando após diversas sacudidas, mas não vivemos um cenário tão catastrófico assim quanto possa parecer. Essa sensação se deve, provavelmente, ao fato de que a indústria como um todo aumentou de tamanho e possibilidades, ao passo que as *majors* foram obrigadas a rever várias de suas estratégias montadas nas últimas décadas para se inserir nos mercados emergentes e, ao mesmo tempo, tentar recuperar o espaço perdido com seu monopólio ameaçado. Paralelamente, as *indies*, rapidamente, se prepararam para ocupar esta lacuna que as *majors* não conseguiram dar conta de forma imediata; e os *autoprodutores* puderam se organizar e ocupar, de forma competitiva, pequenos nichos de distribuição e difusão, principalmente formando *"pequenas indústrias"* em torno de seus trabalhos, *shows* e outros projetos.

E essa reacomodação das estruturas é justamente uma das razões pelas quais a atuação do compositor (principalmente o cantautor, que interpreta suas próprias composições) está se tornando cada vez mais complexa, em um cenário musical que sofre constantes mudanças e passa a valorizar mais ainda a criatividade, a ousadia e a apresentação ao vivo (*shows*, concertos). Estes, inclusive, estão voltando a ser o principal produto musical. Por conta disso, o *álbum*, independente do formato, ainda é a base para conseguir novos *shows* e apresentações. É nesse contexto que há uma valorização do artista, do compositor, em especial desse cantautor e a sua performance.

A *reconfiguração* da indústria da música no Brasil tem suas raízes em questões mais complexas do que simplesmente ações pontuais como, por exemplo, o barateamento dos custos da produção ou a pirataria. Estamos vivenciando, desde meados dos anos 1990, uma mudança de paradigma da produção musical, que ocorre de maneira sistêmica e com interdependência de diversos fatores e, nesse sentido, a estrutura empresarial das grandes multinacionais não se mostra suficiente para suprir nem as demandas do público nem da grande quantidade de compositores brasileiros surgidos no período. As pessoas passaram a ter acesso a mais informações, mais tipos de música e artistas do que era oferecido pelas *majors*. Isso não significa, contudo, que eles não tenham mais interesse nesses artistas. Aliás, pelo contrário. Significa somente que os jovens passaram a alcançar de forma mais fácil outros tipos de produção de forma paralela, o que antes não estava ao seu alcance. A Geração Internet* continua ouvindo rádio, mas potencializou o seu acesso às informações de forma *online*. E, nesse sentido, as produções oferecidas pelas *indies* e pelos *autoprodutores* passaram a encontrar espaços e suprir essa carência, em um mundo que nos obriga a fazer mais atividades ao mesmo tempo do que antes. A atenção do público em geral com os produtos musicais pode estar mais difusa mas, do ponto de vista do consumo de música, ampliaram os horizontes e com um aumento considerável. Não levando em conta, porém, a qualidade individual de escuta de cada um, quanto tempo ou quão profundamente a canção é ouvida e apreciada; somente podemos constatar que há um consumo maior.

A decadência ou reestruturação do *álbum* como produto físico (traduzido no disco, CD) talvez seja a síntese das transformações que estamos tratando. Nesse sentido, cabe uma reflexão mais sistemática das possíveis razões para essa *reconfiguração*.

---

*Também conhecida como Geração Digital, Millenials, Geração Y e Nativos Digitais compreendem, segundo Tapscott (2010) pessoas nascidas entre 1977 e 1997, diferenciando das Gerações X (1965 até 1976) e Z (a partir de 1994).

Desenvolvimentos tecnológicos

Os desenvolvimentos tecnológicos sempre foram um aspecto transformador da indústria da música. O surgimento de um novo tipo de gravação, um novo suporte, proporcionaram expansões da fonografia mundial ao longo do século XX. Sobre isso, Paul Théberge afirma que sem a tecnologia a música popular do século XX é absolutamente inconcebível, e é através dela que pensamos e realizamos experimentos musicais.[10]

O surgimento do CD permitiu que a música fosse consumida de maneira digital, além de ser um produto mais resistente, prático e menor do que os vinis. Porém, o surgimento desse novo formato para a música não significou a completa substituição de seu antecessor, como veremos a seguir. Foi assim com o vinil, que mesmo após a popularização do CD no Brasil a partir de 1993, e sua consequente queda perante o mercado, passou a ser objeto de desejo de colecionadores mantendo um mercado pequeno, evoluindo até mesmo para um *status* de "obra de arte".[11] Em pleno século XXI, na sua segunda década, algumas fábricas de disco de vinil reabriram suas portas para retomar a produção e atender esse restrito mas ainda lucrativo mercado. Vários artistas passaram a apostar no vinil como um *souvenir* de luxo, um artigo especial da sua obra. Dessa forma, nota-se que o valor simbólico do disco de vinil permanece, apesar de sua extinção virtual do grande comércio fonográfico.

Por sua vez, o impacto que teve o surgimento do vinil ou LP no mercado e no consumo de música popular está principalmente atrelado ao *álbum*. Pelo fato do LP ter sido o primeiro formato utilizado para esse conceito, tanto o público quanto os compositores estabeleceram uma relação estreita com ele, que está relacionado, de certa forma, a uma obra de arte. A partir desse momento em que o público começa a ser mais ativo perante o mercado é que se inicia o desenho do que seria a cultura da convergência a seguir. Se antes os novos suportes tendiam a substituir completamente os antigos, quanto mais próximos da *revolução digital* mais eles tendem a conviver. Veremos essa convergência com mais detalhes na sequência.

O LP permitiu que os artistas realmente pensassem em uma obra conceitual (*álbum*), e começaram a basear seu trabalho musical nesse tipo de produto. Mesmo com o estabelecimento do CD no mercado como produto principal e seu consequente declínio, o *álbum* se mantém como conceito e formato.

Com o CD, os suportes digitais de áudio, que evoluíram a partir dele, permitiram que o compositor pudesse lidar diretamente com o seu *álbum*, principalmente na sua produção. Os equipamentos para gravação digital foram se tornando cada vez mais acessíveis, permitindo que os próprios músicos começassem a investir em estúdios caseiros ou *home studios*. Diversas novas tecnologias permitiram uma redução considerável nos custos de produção e estúdios de boa qualidade puderam ser viabilizados a um preço bem menor.

·A partir desse momento, houve uma pulverização da produção musical proporcionada pela "música digital". Com equipamentos relativamente simples, tornou-se possível realizar gravações de alta qualidade. A produção musical não é mais, necessariamente, algo coletivo que necessita de uma série de funcionários e estúdios comerciais para que seja viabilizada. Com um computador e um microfone em um quarto, o cantautor pode gravar suas músicas para uma pré-produção, um registro ou, dependendo do conhecimento técnico que se tenha, gravações com outras ambições. Para se gravar um disco profissionalmente, há uma infinidade de equipamentos, microfones, computadores, além de diversos tipos de programas, que podem ser adquiridos a um preço consideravelmente menor do que antes. Apesar dessa ser uma constatação bastante óbvia, são poucas as análises que expandem isso para uma situação macroeconômica. Não é difícil imaginar que pequenos estúdios e produtoras começaram a se organizar com seus equipamentos no intuito de adquirir uma autonomia maior de suas produções musicais. Entretanto, torna-se complexo entendermos como esse "pequeno" fator altera várias relações sociais e comerciais entre os diferentes agentes da indústria da música. Mas, de fato, essa transformação gerou uma reação em cascata que alterou profundamente as estruturas de produção, permitindo que outras também entrassem no cenário. Gravadoras e empresas menores puderam atuar de maneira profissional no mercado com suas produções musicais de alta qualidade técnica, além do próprio cantautor, que também passou a ter acesso a um padrão sonoro superior com menos intermediários o que, em alguns casos, pode até mesmo ser nenhum.

Pode parecer um tanto paradoxal, mas ao mesmo tempo que os desenvolvimentos tecnológicos possibilitam que todas as etapas da produção musical sejam realizadas por uma única pessoa, o trabalho individual e a qualidade em cada etapa passam a ser cada vez mais exigidos. Ao mesmo tempo que uma infinidade enorme de equipamentos e possibilidades de produção, difusão e distribuição passa a estar disponível a qualquer pessoa, a capacidade técnica dos profissionais envolvidos e o nível do produto final passa a ser ainda mais importante para diferenciar um *hobby* musical de um trabalho artístico consistente. Em um balaio onde você pode encontrar qualquer coisa, as produções musicais fatalmente vão se destacar pela qualidade.

Nesse contexto, a produção musical adquiriu uma condição autônoma e não dependente de uma estrutura empresarial de grandes gravadoras. Por outro lado, estas empresas puderam adotar a terceirização da produção como uma estratégia empresarial de redução de custos, o que permitiu o surgimento de diversas novas relações no cenário fonográfico. Este foi um dos fatores cruciais para a *reconfiguração* de toda indústria da música. No Brasil, isso ocorreu de maneira mais acelerada a partir da década de 1990.

Fortalecimento de outras estruturas de produção

O fortalecimento de tipos de negócios musicais alternativos às *majors*, chamados genericamente de "setor independente" ou "cenário independente", também teve um grande impulso no Brasil próximo ao fim da década de 1990. Iniciativas anteriores como a de Antônio Adolfo, do Lira Paulistana e do Selo Baratos Afins têm suas origens em questões mais ideológicas pois, de fato, representaram uma alternativa para artistas que não encontravam espaços nas grandes empresas do ramo. Ainda podemos citar outros exemplos precursores como Chiquinha Gonzaga, que foi responsável pelo lançamento de artistas importantes na década de 1920, também de maneira autônoma, Cornélio Pires, como o primeiro produtor independente na música sertaneja e a gravadora Chantecler ou, ainda, as gravadoras independentes Elenco e Forma voltadas à Bossa Nova na década de 1960.[12, 13] e [14] Teríamos ainda vários exemplos "independentes" nos Estados Unidos desde a década de 1950. Entretanto, era raro, ou até mesmo ausente, um discurso consciente, uma proposta com uma real mudança de paradigma de produção. Essas iniciativas eram, em sua maioria, isoladas e não possuíam uma ambição de se tornarem um verdadeiro contraponto à grande indústria fonográfica. A atitude autônoma da década de 1920, por exemplo, não tinha um discurso sobre independência fonográfica, o que viria surgir somente mais tarde.[15]

Somente com Antônio Adolfo, na década de 1970, mas principalmente com a Vanguarda Paulista nos anos 1980, é que notamos esse discurso de forma mais clara. Não houve condições de mercado na época para uma real profissionalização deste grupo emergente, que enfrentava um cenário econômico desfavorável, problemas de matéria-prima para o setor musical e todo um contexto que dificultou o desenvolvimento deste modelo na época.[16] O contexto econômico global estava de fato extremamente desfavorável até mesmo para as *majors*, e quaisquer outras iniciativas também iriam sofrer com a conjuntura. Uma série de estratégias conservadoras de gestão passaram a ser adotadas por empresas de diversos setores e, na música, não foi diferente.

Mas o panorama finalmente muda na década seguinte. Começou a se desenhar no Brasil dos anos 1990 um contexto econômico mais favorável, que realmente culminou na profissionalização das outras estruturas de produção que aumentaram sua competitividade na indústria da música do país. Com o surgimento de novas ferramentas, nichos de mercado e uma crescente exclusão de alguns gêneros nacionais por parte das grandes gravadoras (resultado de sucessivas crises e orientações de suas matrizes), as transformações tecnológicas forneceram subsídios para a abertura de campos de promoção, distribuição e, também, atuação na música popular, ao mesmo tempo que colocavam à prova o modelo empresarial implementado pelas *majors*. Ou seja, as iniciativas alternativas das décadas anteriores, que não encontraram um contexto favorável para sua expansão como a Vanguarda Paulista e o selo Lira Paulistana na cidade de São Paulo, poderiam agora formar estruturas profissionais comercialmente viáveis.[17] Vale lembrar que o Lira Paulistana se manteve por vários anos promovendo *shows*, lançando discos, jornais e uma série de projetos e formaram um bloco comercial relativamente viável. Entretanto, a própria conjuntura fez com que os profissionais envolvidos migrassem para outras estruturas de produção, limitando a atuação do selo. Na década seguinte, de fato, a história era outra.

Esse ressurgimento de outras alternativas de produção de forma profissional, alheias ao grande mercado fonográfico (*Nova Produção Independente*), seria formado pelo conjunto de gravadoras nacionais surgidas no período, contando, inclusive, com profissionais experientes da própria indústria fonográfica e também sólido capital proveniente de grupos empresariais e do setor bancário brasileiro.[18] Essa forma de produção representa o modelo de negócios conhecido como *indies*.

Os *autoprodutores* apresentam uma vasta produção musical e, possivelmente, sejam a síntese da segmentação extrema a que chegou a indústria da música brasileira. Ausentes na maioria de estudos e dados sobre o tema, este outro modelo de negócios, evidenciado principalmente depois dos anos 2000, representa uma digitalização e individualização da produção musical no país. Tanto é que muitas *indies* hoje em dia também terceirizam parte de sua produção musical diretamente para o compositor. Vale lembrar que principalmente os cantautores (mas também intérpretes e outros artistas gestores) passam a ter um protagonismo maior nessa estrutura de produção uma vez que eles interpretam suas próprias canções. Em outras palavras, em muitos casos, estes artistas se projetam com suas próprias composições e passam a ter condições e ferramentas de determinar os rumos de suas carreiras e de suas produções, sendo, naturalmente, os principais interessados no desenvolvimento de seu trabalho. A alta qualidade técnica chega ao alcance dos *autoprodutores*, que começam a ter escolha de organizar seus próprios trabalhos a partir disso.

No Brasil, já existem várias alternativas de produção com uma atuação profissional consolidada fora do modelo de negócios das grandes empresas do setor fonográfico (*majors*), e que possuem diversos agentes sociais. Tanto *indies* quanto os *autoprodutores* já têm um peso econômico importante na indústria da música, sendo responsáveis, por exemplo, pela maioria dos títulos prensados na Zona Franca de Manaus, o maior polo de fabricação de discos do país, desde os primeiros anos do século XXI.[19]

Além das *indies*, os *autoprodutores* se inserem neste contexto sendo parte integrante da indústria da música no Brasil. A articulação política destes novos segmentos pressiona por uma reestruturação do mercado, que está baseado nos padrões empresariais construídos no país pelos grandes conglomerados internacionais ao longo do século XX. Na primeira metade dos anos 2000, houve uma iniciativa por parte do Governo Federal, através do Ministério da Cultura, de colocar frente a frente esses diversos segmentos a fim de conhecer melhor a situação da indústria da música e de que forma poderia se atingir um equilíbrio na indústria e no mercado que, na visão do próprio Ministério, apresentavam muitas distorções. Foram as chamadas Câmaras Setoriais que, não somente a música, mas todas as linguagens artísticas, discutiam em nível nacional questões inerentes aos seus segmentos. Essas câmaras faziam parte do Conselho Nacional de Políticas Culturais (CNPC), composto por representantes do próprio ministério, do setor privado e também da sociedade civil. Segundo o Relatório de Atividades 2005-2010 da Câmara e Colegiado Setorial de Música, um dos objetivos era "promover um amplo processo de discussão sobre as diretrizes políticas que poderão se desdobrar em planos de ação, garantindo a democratização e a descentralização da produção e da difusão da música".[20] Para isso, foi criado a Câmara Setorial de Música, que depois deu lugar ao Colegiado Setorial de Música (CSM), para debater os diversos temas da cadeia produtiva, criativa e formativa da música, além de eleger os representantes da música no CNPC e propor a este conselho questões da área. A composição do CSM, em especial, chama a atenção pela diversidade. Eram doze representantes da sociedade civil, dez do setor privado, representantes da Fundação Nacional das Artes (FUNARTE) e/ou Ministério da Cultura, além de entidades convidadas para auxiliar em alguns temas, como Organizações Não Governamentais (ONGs) ligadas à música e comissões da Ordem dos Advogados do Brasil (OAB). Dentre as entidades representativas do setor privado estavam a Associação Brasileira de Educação Musical (ABEM), a União Brasileira de Editores de Música (UBEM, que antes era associação e também tinha sigla ABEM), Associação Brasileira da Música Independente (ABMI), Associação Brasileira de Produtores de Disco (ABPD), Associação Brasileira de Emissoras de Rádio e TV (ABERT), Escritório Central de Arrecadação de Direitos Autorais (ECAD), Ordem dos Músicos do Brasil (OMB), dentre outras. Estes dois últimos são alvos de uma série de polêmicas e questionamentos por parte de diferentes setores e vários temas discutidos envolviam diretamente essas entidades, como a reformulação da lei de direitos autorais e a regulamentação da profissão de música. Por parte da sociedade civil, 12 fóruns dos estados, considerados na época como mobilizados, enviavam um representante cada, à sua escolha.

Tentando dar nome aos bois, tanto a UBEM quanto a ABPD representavam os interesses das *majors*; a ABMI surgiu de uma articulação das *indies* e os *autoprodutores* se organizaram através dos fóruns estaduais. Mais tarde, esses fóruns deram origem ao Fórum Nacional da Música (FNM), no intuito de agregar também os outros estados e organizar as demandas dos músicos e produtores participantes dos fóruns. Inúmeros temas eram debatidos à exaustão e estão resumidos no relatório de atividades mencionado. De uma forma ou de outra, os três modelos de negócio estavam discutindo questões importantes com entidades que participam diretamente da indústria da música. Como resultado prático, alguns projetos vindos dessas discussões chegaram à votação na Câmara dos Deputados e no Senado Federal virando lei, como a volta do ensino obrigatório de música nas escolas do país (Lei n. 11.769, de 18 de agosto de 2008) e outros que continuam em tramitação.

Independente de qualquer análise ou julgamento político, os diferentes agentes presentes na indústria da música participaram ativamente de discussões nacionais importantes com o próprio governo. Na década de 1970 isso seria praticamente impossível por uma série de razões políticas, econômicas, técnicas e, também, de mobilidade que, na prática, resultaram no estabelecimento de um *status quo* no setor musical tendencioso às grandes empresas do setor e à industrialização da produção musical. A *reconfiguração* da indústria da música, que passa pelo fortalecimento de outros modelos além das *majors*, contribuiu para que estes passassem a atuar de forma direta, tanto na indústria em si quanto no seu direcionamento político e na sua própria transformação.

Mudança de foco dos consumidores

O consumidor de música do século XXI, definitivamente, não é o mesmo do século XX. Em paralelo às transformações tecnológicas, que resultaram em um rearranjo na indústria da música como um todo, os ouvintes também sofreram transformações sociais, políticas e tecnológicas no período. Talvez a grande questão para este consumidor, desde a virada do milênio, seja a individualização da escuta e a participação. O sócio-musicólogo britânico Simon Frith demonstra que o processo de industrialização da música auxilia na compreensão de como ela passou a ser uma experiência individual e não exclusivamente coletiva. A cada novo suporte surgido para reproduzir música, desde o fonógrafo, uma nova possibilidade sonora era apresentada aos ouvintes, que passaram a ter a opção de escolher sua própria experiência musical, inclusive de forma isolada e não mais em conjunto ou em apresentações em grupos como, por exemplo, na década de 1800.[21]

Com os aparelhos baseados no suporte MP3, a seleção particular se ampliou pois além de poder ser transportada a qualquer lugar, como já ocorria com os *walkmans*, se tornou viável carregar uma imensa biblioteca musical em um aparelho tão pequeno quanto um isqueiro. A quantidade de músicas e a portabilidade desses reprodutores de MP3 possibilitou que os consumidores de música ficassem ainda mais seletivos o que, segundo Frith, faz com que a produção musical ganhe mais importância. A seletividade é tamanha, com uma oferta nunca vista antes, que os consumidores estão mais ativos no mercado, participando de forma direta com os conteúdos midiáticos que consomem, o que justifica a procura cada vez maior por produtos fora do grande circuito fonográfico. Paul Théberge afirma que mesmo que alguns críticos digam que a audição fonográfica representava uma forma de consumo passivo nas primeiras décadas do século XX, claramente já não seria mais o caso.[22]

Além disso, o século XXI exige, de fato, pessoas multifuncionais, que realizem diversas tarefas ao mesmo tempo ou em um curto período. Nesse sentido, aparelhos como *iPods, tablets e smartphones* se adaptam e expandem essa multifuncionalidade. As mídias tendem a acompanhar o ritmo e as tendências do desenvolvimento cultural, político e tecnológico de uma sociedade.[23] E, desde o *walkman*, há uma grande tendência da música se tornar mais portátil e ocupar cada vez mais espaços em nossas vidas.

Assim como ocorre com os livros, os discos são objetos com alto valor simbólico, e mesmo que não possuam mais um comércio de massa como antes, ainda são alvos de consumidores especializados que, de modo geral, valorizam a posse de objetos artísticos. O sociólogo e musicólogo alemão Theodor Adorno, um dos principais nomes da Escola de Frankfurt* e um dos estudiosos de música mais citados no mundo, em suas abordagens sobre indústria cultural e consumo de massa, comenta que as obras de arte autênticas não podem ser objetos comerciais provenientes da mecânica industrial capitalista pois, entre outros fatores, elas seriam meramente produtos desta indústria, enquanto nós, consumidores, seríamos extremamente passivos nessa relação. Ainda segundo Adorno, o fetichismo musical, que passa pela aquisição de produtos musicais, está relacionado justamente com o fato da música ser tratada como mercadoria nestes casos.[24]

A cada novo equipamento, a cada novo suporte, a cada nova técnica surgida relacionada à música durante todo o século XX, o resultado quase sempre foi no sentido de ampliar o acesso, baratear os custos, aumentar sua portabilidade, melhorar a qualidade sonora para ampliar o consumo de música e torná-la algo palpável, que vendesse cada vez mais.

Analisando do ponto de vista econômico, este desenvolvimento gerou, na música popular, uma cadeia de produção com muitas ramificações e agentes se desdobrando em diferentes estruturas de produção. Nesse contexto, o consumidor e ouvinte de música também vêm alterando sua percepção de mercado com os produtos que lhes são oferecidos, consumindo música (seja como e onde for) e se tornando, ao mesmo tempo, mais exigente.

Alguns consumidores se especializaram na escuta, a ponto deles notarem diferenças "claras" no som reproduzido por discos de vinil e de CDs, o que certamente passa desapercebido para a maioria dos outros ouvintes. Esse tipo de consumidor de música, muitas vezes chamado de "audiófilo", seria o responsável pela manutenção de um mercado restrito e de custo mais elevado de produtos de música mais refinados, digamos assim. Isso vale para o consumo de alto-falantes e aparelhos melhores, instrumentos musicais mais sofisticados do que outros e, também, pelo ainda persistente consumo de discos de vinil. Nenhum desses suportes físicos de música, aliás, representa grandes atrativos comerciais a nenhum dos modelos de negócio atuantes na indústria da música, mas resistem nesses mercados de nichos.

Ainda que seja notória a existência de diferentes tipos de aparelhos e instrumentos musicais, classificados como "profissionais e amadores" ou, simplesmente, "melhores ou piores", o fato é que, para a indústria da música, isso representa

---

* Formada em 1924, era um círculo de filósofos e cientistas sociais alemães com mentalidade marxista. Baseados na *Teoria crítica da sociedade*, um dos focos de estudo era a indústria cultural e a cultura de massa, e acabaram popularizando estes termos.

uma ampliação e não uma substituição de mercado. O surgimento dos suportes digitais, ao invés de substituírem e matarem seu antecessor imediato (CD), tomaram a frente e ampliaram os espaços a tal ponto que até o disco de vinil, seu "avô", ressurgisse em um mercado restrito de luxo, mas atrativo o suficiente para este público. Em suma, a ampliação da indústria da música faz com que os pequenos nichos especializados de vinil se mantenham, e até mesmo extrapolem as casas e sebos de colecionadores voltando a ter uma distribuição comercial e lançamento de produtos neste formato, ainda que pequena. O futuro do CD talvez seja parecido, pois este público especializado ou até mesmo outro que está se desenvolvendo, tende a manter o consumo de CDs seja em *shows* ou em algumas pequenas lojas. Esta tendência de convergência e não substituição das mídias e suportes será abordada mais adiante.

Seja por um fetichismo ou outra razão, os novos consumidores não são mais tão passivos assim quanto entendia Theodor Adorno. Ele nem teria como prever o tamanho das transformações que a tecnologia iria causar na música, a ponto de abrir mais espaços e sacudir a sua indústria recolocando agentes coadjuvantes em um outro patamar.

A participação deste novo consumidor resulta nesses e em outros nichos de mercado específicos. No Brasil, a popularização de novas mídias como *blogs* especializados, Orkut, Facebook, Myspace, LastFm e Purevolume ganharam espaço, e a nova geração de consumidores se volta a elas para escolher sua sessão pessoal de música, individualizando ainda mais a experiência musical. Alguma dessas plataformas já nem possuem mais tantos frequentadores e outras, como o Orkut, já encerraram suas atividades. Essas mídias, por sua vez, também acabam desaparecendo rapidamente caso o interesse desses consumidores e ouvintes se voltar para um outro espaço, ou se diluir em diversas outras novas plataformas. Mas o fato é que a mudança de atitude dos ouvintes está relacionada diretamente com essas mídias e sua participação nelas, que pode ser somente em uma delas ou em várias ao mesmo tempo.

Aumentando o rol dos paradoxos tecnológicos, ao mesmo tempo que há uma ultra individualização da escuta musical com esse ambiente virtual, ela é altamente coletivizada, pois as preferências musicais pessoais passam a ser compartilhadas ou sugeridas a outros usuários através dos complexos algoritmos que essas plataformas possuem. Por conta disso, essas mídias passam a ser um crivo, uma referência importante para determinados tipos de ouvintes. Pela seleção pessoal de um amigo ou uma resenha em um *blog*, o público passa a ter a motivação necessária de buscar aquela determinada música, tarefa antes reservada a críticos e especialistas de jornais e revistas importantes da área musical. Desde cedo, as crianças estão sendo cada vez mais estimuladas a participar de comunidades virtuais em busca do seu entretenimento. Isso faz com que cada nova geração esteja um pouco mais participativa do que a anterior. Paralelamente, os produtores de conteúdo tendem a se adaptar e buscar alternativas para atrair esse público que fica mais exigente e participativo com o tempo. Essa dinâmica ocorre muito no cinema, mas na música e nas outras áreas não é muito diferente nesse ponto, e as estruturas de produção tendem a buscar mais espaço junto à essas tendências.

O fator "novidade" também ganhou mais importância, e é principalmente nesse aspecto que *indies* e *autoprodutores* buscam seu espaço, uma vez que as *majors* passaram a apostar mais pesado na exploração do seu catálogo à exaustão em outras plataformas, inclusive digitais, coisa que relutaram fazer. Sendo assim, acabam diminuindo esforços para novos lançamentos, ao contrário do que faziam até a década de 1980. No Brasil, muitas vezes esse gosto da novidade está alheia à música, e a comunicação mais direta com o artista passa a ser um elemento extra que desperta o interesse por seu trabalho. Um exemplo disso é o cantor e compositor Leoni, ex- integrante do grupo Kid Abelha (sucesso nos anos 1980), que promove diversas ações em seu *site*. Ele procura envolver o público em torno de seus lançamentos fazendo, entre outras coisas, uma votação entre os fãs do repertório para seu próximo *show*. Ele chegou até a criar um concurso que pretende escolher uma ou duas dentre as melhores músicas feitas pelos frequentadores do *site* a partir de uma de suas letras, e que seria gravada em seu próximo disco.

São inúmeras estratégias diferentes utilizadas pelos artistas ou novos nichos de mercados mantidos por consumidores específicos. O que está no centro dessa questão, acima de qualquer outro fator, é a acessibilidade a novas produções. Seja em grande ou pequena escala, os consumidores de música possuem várias formas de alcançar aquela determinada música, seja comprando ou até de forma gratuita. Cabe aos produtores de conteúdo musical estarem atentos e preparados para preencher esses espaços e lacunas que venham a surgir por conta de novas ampliações que a indústria da música possa sofrer e, paralelamente, acompanhar o processo de participação do público com seus produtos. Muitas das grandes empresas de entretenimento também estão sendo obrigadas a permitir que os consumidores (no caso, os ouvintes) participem da construção e representação de suas criações pois isso agrega valor às suas marcas. Do contrário, podem comprometer o seu valor comercial.

Pirataria

Quem viveu no Brasil entre o final da década de 1990 e meados dos anos 2000, deve se lembrar da enorme quantidade de propagandas contra a pirataria. Não era incomum entrar em uma sala de cinema e, em meio aos tradicionais *trailers* de próximos lançamentos, ver uma série de vídeos bem-humorados condenando a compra de discos, fitas e DVDs que não fossem os originais, encontrados nas principais lojas do ramo. A pirataria é considerada pelos dirigentes das grandes gravadoras como o principal (e, muitas vezes, o único) fator para a "crise" que o setor fonográfico atravessa (ou atravessava?). Principalmente após as tecnologias digitais, a replicação de CDs falsificados passou a constituir um mercado paralelo que movimenta grandes quantias de dinheiro, e é um fator importante para a *reconfiguração* do cenário musical. Contudo, independente de qualquer tipo de juízo sobre esta prática, surgem muitas dúvidas quando são impostas certezas absolutas de cima para baixo, que chegam quase a virar um dogma ou um senso comum artificial. Ainda mais se tratando de um setor mutante como a indústria da música. Prefiro analisar não só a pirataria, mas todos os outros fatores discutidos, de uma forma mais global, como parte de um contexto complexo e dinâmico, ao invés de assumir como verdade afirmações estanques e cenários catastróficos, como fizeram diversos agentes nesse período.

O mercado informal de discos no Brasil é uma realidade antiga, que se potencializou após o surgimento das tecnologias digitais. O país chegou a se tornar um dos principais alvos em nível mundial do discurso global anti-pirataria. O governo brasileiro sempre sofreu grande pressão internacional para tomar medidas duras a fim de combater esta prática. Em 2003, por exemplo, foi formada uma Comissão Parlamentar de Inquérito especialmente para investigar o tema, sendo chamada de "CPI da Pirataria". Segundo o relatório da comissão, uma série de produtos fonográficos e cinematográficos foram investigados apontando que, em 2001, os produtos piratas já representavam mais da metade do mercado brasileiro e cresciam a cada ano.

Se aproximarmos aquela nossa lupa nesse contexto, talvez possamos analisar alguns aspectos escondidos nas entrelinhas. Há indícios de que o início da pirataria no Brasil se deu, curiosamente, como um mercado paralelo para escoar os produtos que não eram vendidos no mercado formal e que esta prática era fomentada pelas próprias grandes gravadoras e revendedores do setor musical.[25] Essa era uma alternativa para minimizar os prejuízos de títulos que não atingiam a vendagem planejada, e os vendedores de rua se encarregavam de escoar essa produção a preços significativamente mais baixos. O que provavelmente não estava previsto era a popularização das tecnologias de replicação de CDs e também de DVDs, que tornam possível que filmes e discos sejam "lançados" no mercado informal antes mesmo de chegarem aos cinemas ou às lojas oficiais. Segundo Leonardo de Marchi, o advento da gravação digital provocou um redimensionamento desse mercado informal, com um súbito crescimento no final da década de 1990 em comparação com a pirataria de fitas magnéticas praticada na década anterior.[26]

No início dos anos 2000, surge a chamada *pirataria virtual*, baseada na livre troca de arquivos pela internet sem o controle de nenhuma empresa ou intermediário, o que viria a colocar o próprio mercado informal de discos em cheque. O *software* Napster talvez seja o primeiro de muitos que realizavam estas trocas ou compartilhamentos. A partir desse momento, as grandes gravadoras, sem ainda compreender ao certo como agir nesse novo mercado e combatendo com unhas e dentes o comércio informal de discos, começaram uma ofensiva jurídica contra os donos desses programas e até mesmo contra usuários, gerando um intenso debate sobre o tema. O intuito era coibir ao máximo esse tipo de troca de arquivos que representava, segundo elas, um grande prejuízo. O arquivo base para o compartilhamento de áudio foi o MP3, que é do tipo "aberto", ou seja, qualquer pessoa ou empresa pode criar aparelhos para executar esses arquivos que podem ser copiados livre e infinitamente. Outra incursão judicial por parte da indústria fonográfica dos Estados Unidos foi feita dessa vez diretamente contra o MP3, como já havia acontecido antes com o VHS. A empresa Diamond Multimedia, criadora de um dos primeiros aparelhos reprodutores de MP3, foi processada e, mesmo assim, ganhou a ação e foi indenizada em meio milhão de dólares pelas empresas fonográficas.

Com mais distanciamento temporal, podemos analisar esse cenário com um olhar mais crítico e perceber que uma avalanche começava a varrer completamente os velhos paradigmas de distribuição, vendas e inclusive audição de música. A *pirataria virtual*, com o passar do tempo, nem passou a ser vista mais pelas pessoas como crime ou pirataria de fato, gerando intensas discussões inclusive sobre possíveis mudanças na lei para proteger o "usuário". Uma pessoa poderia ser criminalizada por enviar uma música em MP3 para um amigo? E como fica o comércio de música? E os programas de compartilhamento de arquivos? E talvez a questão central: como a indústria fonográfica vai se inserir nesses outros mercados? Talvez pela demora na resposta a essa última pergunta é que o discurso anti-pirataria tenha sido tão amplamente difundido, principalmente entre o final da década de 1990 até metade dos anos 2000.

O gráfico a seguir mostra, segundo fontes da ABPD, a quantidade de venda de música gravada no Brasil (expressa em milhões de unidades), seja físico ou virtual, entre 1998 e 2011:

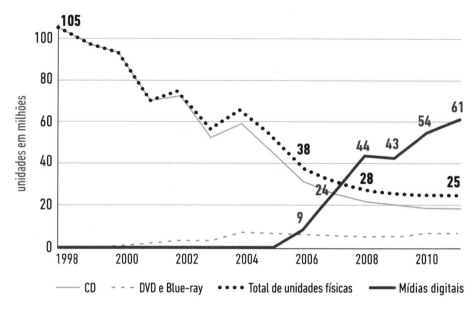

Quantidade de venda de música gravada no Brasil (entre 1998 e 2011)
Fonte: PAIXÃO (2013), p. 69.

Tentando resumir o gráfico, há uma queda forte na venda dos produtos físicos que começa a se estabilizar em patamares bem menores, porém com queda desacelerada, entre 2006 e 2008, ao passo que, mais ou menos na mesma época, as vendas digitais se consolidam e ultrapassam a física. Coincidência ou não, é justamente nesse período que o discurso anti-pirataria perde força, não só no Brasil mas também em outros países. Enquanto ainda não se sabia o que estava acontecendo, o melhor era tentar proibir e criminalizar qualquer tipo de acesso à música que não fosse o comércio formal de discos. Um outro dado interessante desse gráfico é que ele mostra como diferentes mercados surgem em meio a processos tecnológicos e não necessariamente substituem por completo os seus antecessores, como citado anteriormente. Essa tendência de convergência de novos e velhos mercados iremos abordar mais adiante, mas já fica claro que as *majors* não estavam acompanhando o crescimento da indústria da música e, como se não bastasse, a indústria fonográfica controlada por ela já vinha há quase uma década em queda livre.

Afastando agora a lupa para tentar analisar esse contexto por uma perspectiva macroeconômica, levando em conta as informações obtidas, a pirataria pode no máximo ser apontada como um dos fatores das quedas vertiginosas das vendas de discos, mas não o único. O discurso que a considera como a grande "vilã a ser combatida", é somente uma reação natural na tentativa de proteger um mercado que estava em declínio, em contraponto a um novo nicho que surgia fora do monopólio das grandes gravadoras.

O discurso para tornar a pirataria algo ilegal, na realidade, mascara um pano de fundo maior, que gira em torno da perda ou redução do monopólio do mercado e da indústria fonográfica construído há várias décadas. E, também, para desviar o foco de outros fatores que levaram ao declínio do modelo cartesiano-industrial *strictu sensu* de se produzir música. Fatores como, por exemplo, o esgotamento financeiro da própria estrutura construída, que era necessária para manter todo esse monopólio, acabam ficando de fora da maioria das análises e discussões sobre o tema. Todavia, é bom deixar claro que não está em questão aqui a remuneração ou não dos direitos autorais oriundos dessas vendas informais. É claro que existem preceitos, contratos e leis a serem respeitados e, ao mesmo tempo, é naturalmente justo que os autores sejam remunerados pelas vendas de produtos com sua obra (salvo se o próprio autor resolver abrir mão desses vencimentos por qualquer razão), o que não ocorre em quase todas as vendas de produtos piratas. Entretanto, a questão crucial aqui é como esse argumento foi utilizado para justificar toda uma crise conjuntural de um sistema, e que, na época, serviu como o bode expiatório perfeito para esconder todos os outros fatores que também faziam parte do cenário de quedas e perdas das grandes gravadoras. Mesmo não sendo um economista, parece-me natural acreditar que o mercado é dinâmico e que quando toda uma estrutura industrial e comercial, que estava estabelecida há décadas por um monopólio de mídia, produção e distribuição, começa a entrar em declínio acentuado, existe uma série de fatores envolvidos e não apenas um único motivo para essa queda. E também não é difícil acreditar que alguns desses fatores podem estar relacionados à própria estrutura criada por essas empresas que, em um determinado momento, passou a ser extremamente cara e menos competitiva em um setor repleto de transformações.

É nítido que o compartilhamento de arquivos de áudio pela internet alterou praticamente todos os padrões de vendas de música no Brasil. E isso causou um grande impacto no mercado formal e informal de vendas (discos falsificados ou piratas). Pela praticidade, e muitas vezes facilidade, o consumidor não precisa nem mesmo sair de casa para buscar músicas, diminuindo a procura até mesmo por esses artigos falsificados. É difícil mostrar isso em números pois, certamente, serão poucos estudos que irão se dedicar a investigar a queda no mercado informal e suas razões. Entretanto, não seria absurdo dizer que há uma tendência estabelecida, desde a virada do milênio, de uma procura crescente por música digital na internet e menor para compra de discos, seja ele original ou não. A procura cada vez maior das pessoas por músicas na internet fez com que outros padrões se estabelecessem rapidamente, como *sites* de vendas, distribuidoras, publicidade etc.

As *majors*, inclusive, passaram a investir pesado no mercado de música digital e na venda de arquivos de áudio pela internet, apostando neste comércio como forma de recuperar espaços e lucros, o que de fato vem ocorrendo desde 2008 (como demonstrado no gráfico anterior). A IFPI também mostra dados nesse sentido, indicando que, em 2009, "a venda de música digital cresceu 9,2%, alcançando 4,3 bilhões de dólares (...) os canais digitais respondem agora por 25,3% de todo o comércio da indústria fonográfica e, nos Estados Unidos, essa participação é ainda maior: 43% do mercado".[27] Por outro lado, diversas *indies* passaram a disponibilizar seus catálogos gratuitamente em seus *sites*, além dos *autoprodutores*, que também apostam na difusão de suas músicas como uma maneira importante de divulgação e promoção. Muitos cantautores passaram a apostar fortemente na distribuição gratuita de faixas ou *álbuns* inteiros pela internet, não enxergando a troca de arquivos na rede como pirataria, mas sim como promoção.

Em paralelo, algumas licenças surgiram para tentar legalizar o que pode ser visto como algo ilegal à luz das legislações de direitos autorais. Como uma alternativa de proteger legalmente certos tipos de compartilhamentos, o *Creative Commons*, por exemplo, talvez seja a licença mais utilizada na internet a fim de regulamentar a livre circulação de informação. Ela permite que os proprietários dos direitos da obra possam trocar ou disponibilizar suas músicas, fotos, livros etc., sem compensação financeira se assim o autor escolher. Esta é uma plataforma que fornece possibilidades diferentes de compartilhamento, que o autor escolhe na hora que opta por esta licença. Tornou-se um movimento mundial que ganhou força no Brasil, contando, até mesmo, com o apoio do Ministério da Cultura, pelo menos por um tempo.[28]

Voltando para o mercado de rua de discos, no Brasil temos alguns exemplos de iniciativas autônomas que aprenderam a conviver com a pirataria e se utilizarem dela para difundir e vender seus produtos. Ou seja, nesse caso ela deixa de ser pirataria e passa a representar o mercado oficial desses produtos ou parte deles, formando uma espécie de indústria paralela. É o caso do Tecnobrega no Pará, que veremos mais a fundo na sequência.

Os mercados informais (sejam virtuais ou não) provocaram mudanças significativas na indústria fonográfica do mundo inteiro. A pirataria está inserida na mudança sistêmica dos mecanismos de consumo e produção musical, que se desenvolveram a partir dos anos 1990. Ela é parte das transformações e é difícil, inclusive, afirmar se ela é causa ou consequência dos processos tecnológicos que inundaram a indústria da música. Porém, colocar como o único fator que gerou uma queda gigantesca em uma indústria montada e estabelecida há praticamente um século, é um exagero histórico e uma conveniência momentânea por parte dos agentes que não estavam conseguindo acompanhar o ritmo acelerado que, paradoxalmente, vivia a indústria da música no período.

É nesse contexto que partimos para uma análise aprofundada do fator que, provavelmente, tem o de maior peso na *reconfiguração* da indústria da música brasileira: a internet e a *revolução digital*.

Internet e a Revolução Digital

A década de 1990 foi marcada pelo rápido desenvolvimento e avanço da internet em nossa sociedade, que se tornou um meio de comunicação e informação indispensável na vida das pessoas. O número de usuários cresce a cada dia no mundo inteiro, e ela passou a ser o símbolo máximo da circulação rápida de informações e da globalização.

O termo *revolução digital*, na maioria dos casos, está atrelado à popularização e difusão da internet pelo mundo, o que ampliou o acesso a quase qualquer tipo de informação. Até a década de 1980, era comum termos na prateleira de casa uma coleção enorme de enciclopédias, que era onde buscávamos as informações de forma mais rápida. Com a internet isso mudou e, cada vez mais, temos acesso não só ao conteúdo de enciclopédias mas a praticamente qualquer assunto apenas com um *click*.

Surgida nos anos 1960, mas com fins exclusivamente militares, a internet como conhecemos só foi possível após o estabelecimento do protocolo *World Wide Web* (Rede de Alcance Mundial) no início de 1990, pela CERN – Organização Europeia para Pesquisa Nuclear.[29] A partir daí, a utilização da internet passou a ser cada vez mais simples e acessível a um número maior de pessoas. Em pouco mais de 10 anos, a sua utilização passou a ser vital para quase todas as atividades da sociedade, seja agilizando a comunicação e aproximando pessoas, seja com mecanismos complexos de monitoramento por câmeras, operações bancárias e, até mesmo, cirurgias à distância já são possíveis. O impacto dessa grande expansão talvez seja somente comparável ao surgimento da energia elétrica na história da civilização moderna.

A relação das pessoas com seus produtos cotidianos também mudou drasticamente. Desde uma simples receita de bolo, passando por jogos de crianças, até complexos projetos de energia alternativa e estudos acadêmicos podem ser encontrados na rede. Essa "alta-disponibilidade" fez com que as pessoas passassem a ter uma relação diferente com seus bens de consumo. Para poder usufruir mais intensamente, os usuários necessitam de novos aparatos eletrônicos, como computadores mais rápidos e modernos, diversos tipos de aparelhos sem fio, acessórios e reprodutores dos mais variados tipos de arquivos que circulam, entre eles MPEG, JPG e MP3.

Segundo o professor de Comunicação, Jornalismo e Artes Cinematográficas da University of Southern California e um dos principais pesquisadores de mídia no mundo, Henry Jenkins, estamos vivendo uma cultura da convergência, na qual as "mídias tradicionais" são passivas e as "mídias atuais" são participativas e interativas, mas elas coexistem e estão em rota de colisão.[30] A rádio, uma mídia tradicional, continua sendo amplamente utilizada e constitui um importante veículo de comunicação, informação e entretenimento diário, inclusive com várias *rádio-webs*. Dentre as mídias atuais, podemos colocar a internet na sua forma interativa (*web* 2.0*) como a mais significativa, que permite uma participação ativa do usuário em seus diferentes códigos, linguagens e sinais.

Por esse raciocínio, podemos imaginar que o surgimento de várias novas mídias e suportes balançaram as estruturas vigentes, mas não necessariamente substituíram por completo seus antecessores. É por essa perspectiva que podemos compreender mais facilmente as transformações no setor musical, na qual a indústria da música aumentou de tamanho ao passo que a indústria fonográfica se retraiu em um primeiro momento. E à medida que esta última passou a agir de forma mais ativa na internet, percebendo com mais clareza a cultura da convergência, começou a acompanhar as mudanças e recuperar o fôlego perante o mercado. Tanto é que muitas *majors* passaram a negociar diretamente com *sites*

---

* Representa uma mudança na maneira como a internet é encarada pelos usuários e desenvolvedores. Indica a maneira participativa, a "*web* como plataforma", envolvendo redes sociais e outros aplicativos interativos.

de vendas de música, como a iTunes Store, a comercialização de seu catálogo. *Indies* e *autoprodutores* já enxergavam esse tipo de relação como algo inevitável, e principalmente alguns *autoprodutores* apostam na promoção que *sites* interativos podem ter em sua carreira.

O primeiro exemplo disso na música talvez seja o MySpace. Esta plataforma alterou não só o acesso de música para as pessoas, mas também permitiu que o artista pudesse se comunicar de forma mais direta com o seu público. A cultura participativa e a inteligência coletiva, como definidos por Henry Jenkins, estão presentes nesta plataforma. Os usuários interessados em buscar um determinado tipo de música podem se cadastrar no *site* e procurar, através de ferramentas de buscas por gêneros, nome do artista e outros tipos de classificações, ao passo que o próprio artista disponibilizava sua música gratuitamente na plataforma. Os consumidores se organizando em comunidades (inteligência coletiva) gerou uma rede de comunicação e indicação de músicas uns para os outros e, além disso, era possível enviar mensagens, deixar comentários e outras formas de participação (cultura participativa). Na sequência, surgiram várias outras plataformas, como o Last.fm, que cria um *ranking* de reprodução de músicas e dependendo do que uma pessoa escuta mais, o *site* aproxima os usuários e sugerem outras músicas que ela possa gostar. Também o SoundCloud, que permite que usuários deixem comentários nas próprias músicas, exatamente no momento do solo de guitarra para dizer se ele gostou ou não.

Por isso, talvez, a música tenha sido um dos segmentos mais afetados pela internet. O registro de música é algo recente na história se compararmos com outros "produtos artísticos", como um livro ou um quadro. A satisfação que existe em se ter uma grande biblioteca ou uma importante coleção de quadros está mais impresso em nosso imaginário pelo simples fato de que essas práticas são mais antigas e também por dependerem de um suporte físico em maior nível do que a música. Talvez por esse motivo, temos uma relação mais física com estes objetos de arte. E tanto os livros quanto os quadros coexistem em convergência com novos suportes, como os *e-books* e fotografias digitais. Guardadas as devidas proporções, CDs, discos de vinil e o MP3 na internet também tendem a se manter, seja em nichos específicos ou em grande escala, em uma perspectiva de cultura da convergência. A música, por sua vez, talvez tenha se adaptado melhor à essa convergência e à hipermídia,* e pode ser uma das razões pela qual ela passou a ser amplamente compartilhada em rede.

A indústria da música passou boa parte do século XX desenvolvendo diversas estratégias para a venda de discos físicos. O sucesso de um determinado artista era medido, principalmente, pela quantidade de discos que ele vendia e, por isso foram criados prêmios como o disco de ouro, de platina e outras denominações, justamente com o intuito de reconhecer esse sucesso. De maneira geral, o sucesso fonográfico do artista era o que alimentava as outras partes de sua carreira como *shows*, publicidade etc. Quem sabe por essa razão tenha sido mais difícil distinguir o que era indústria da música e fonográfica pois, a grosso modo, tudo dependia da segunda. A *revolução digital* representa, a partir da virada do milênio, uma ruptura do processo de produção musical, especialmente no que diz respeito à sua difusão. As plataformas de música mencionadas se somaram a tantas outras redes sociais como Orkut, Facebook, Twitter e Instagram. Há uma disputa interna pela atenção do público entre essas redes, o que faz com que algumas, como o Orkut, percam a popularidade. Porém, na maioria das vezes, sobretudo a partir da década de 2010, há uma tendência de convergência e intercomunicação entre essas diferentes redes. Muitas delas se cruzam, oferecem aplicativos de conexão mútua no intuito de convergir o usuário a utilizar todas as mídias. Antes da *revolução digital*, o objetivo primordial de uma nova ferramenta era substituir a anterior o máximo possível mas, na perspectiva da cultura da convergência de Jenkins, elas tendem a coexistir e convencer o usuário de que ele precisa de mais uma plataforma, e não necessariamente substituir a outra. E para a música, essas redes sociais ampliaram a capacidade de artistas difundirem seus trabalhos através da inteligência coletiva e da cultura participativa. Quanto mais comentários, curtidas, visualizações e interações aquele artista possui, mais ele está difundindo o seu trabalho e, dessa forma, ele terá um potencial maior de atrair público para seus eventos o que, naturalmente, pode aumentar a procura por seus *shows*. Claro que na prática não é tão simples assim, e vários outros fatores estão envolvidos nesse mercado. Mas, sem dúvida, esses dados são valiosos para medir a popularidade dos artistas, tanto que alguns editais, concursos, festivais e curadorias já observam esse tipo de informação em sua seleção.

A quantidade de discos vendidos perdeu importância e são raros os programas de TV que se preocupam em dar destaque para um disco de ouro ou de platina, até mesmo porque as vendas de discos físicos caíram drasticamente. Por outro lado,

---

* O conceito de hipermídia, trazido por Lucia Santaella (2007) pode ser entendido dessa maneira: "o computador não nos coloca apenas diante de um novo tipo de tecnicidade, mas traz consigo uma linguagem cíbrida, ou seja, o hibridismo sígnico e midiático que é próprio do ciberespaço. É notório que os conceitos de escritura e de texto vêm passando por transformações profundas desde que as tecnologias digitais emergiram. A integração do texto, das imagens dos mais diversos tipos, fixas e em movimento, e do som, música e ruído, em uma nova linguagem híbrida, mestiça, complexa, que é chamada de hipermídia, trouxe mudanças para o modo como não só o texto, mas também a imagem e o som costumavam ser entendidos". SANTAELLA (2007), p. 84.

a quantidade de *downloads* passa a ser um dado importante, principalmente para as *indies* e mais ainda para os *autoprodutores*. As *majors* parecem apostar mais em vendas pela internet, sem se preocupar com a difusão gratuita e espontânea de seu catálogo.

Com a alta complexidade que a internet alcançou, até mesmo o *download* parece ter perdido força. As pessoas estão conectadas o tempo todo, seja em seu computador ou em dispositivos móveis e, por essa razão, muitas vezes nem faz sentido fazer o *download* das músicas favoritas porque elas estão todas disponíveis em *streaming*. Ou seja, você pode acessar os arquivos e o conteúdo sem precisar baixar em seu computador ou aparelho; pode ouvir as músicas *online*, a hora que quiser. Diversas plataformas surgiram com esse propósito. Dentre elas, temos o Deezer, Rdio e Spotify. Além do Youtube, que mais do que os vídeos se tornou também um canal para *streaming* de música. Esses *sites* se tornaram plataformas de músicas com milhares de assinantes. As pessoas já preferem pagar um valor baixo para ter acesso a uma quantidade praticamente infinita de músicas, do que se dar ao trabalho de procurar o *site* do artista para baixar o seu conteúdo. E, novamente pela perspectiva da convergência, continuam existindo o mercado para *downloads* e interessados em comprar o CD do artista e o vinil. Este último se trata de um artigo de luxo, um "bônus" para o público saudosista, que acredita que este formato tem algo especial e, por isso, estão dispostos a pagar caro por ele.

As mudanças geradas na dinâmica do mercado da música foram tantas e a tal velocidade que ainda fica difícil mensurar seus impactos e estipular previsões precisas. *Indies*, *autoprodutores* e até mesmo artistas vinculados às *majors* já estão atentos às dinâmicas do público e do mercado e se adiantaram na conquista dos espaços. Por exemplo, a banda inglesa Radiohead que, após romper o seu contrato com a gravadora EMI, lançou em 2007 o *álbum In rainbows* pela internet de uma maneira inusitada. No *site* do grupo, era possível baixar todas as canções, colocando qualquer valor na hora de "pagar" pelo acesso, inclusive zero. Dessa maneira, o novo trabalho do grupo se espalhou pelo mundo e, mesmo com a possibilidade da gratuidade, teve um expressivo retorno financeiro. Ou ainda, nos anos 1990, alguns artistas estavam tão atentos ao mercado que estavam dispostos a acompanhar rapidamente as transformações que se anunciavam. É o caso do cantautor paulistano Maurício Pereira, que resolveu atrasar o lançamento de seu primeiro disco em seis meses, para esperar que a internet surgisse e se consolidasse no Brasil. Em 1996, ele realizou o primeiro *show* ao vivo via internet, chegando a constar no Guinness Book.

Essas e outras estratégias, que no Brasil são provenientes em sua maioria de *indies* e *autoprodutores*, apostam que o retorno financeiro pela produção musical não está mais necessariamente na venda de discos nem mesmo na música propriamente dita. Os *shows* e turnês voltaram a ser fonte de receita fundamental para os artistas e, paralelamente, passaram a ser o local de venda mais privilegiado de discos e outros produtos próprios, diretamente ao público. Algumas gravadoras e selos perceberam isso e organizam pequenos *shows* e eventos dos artistas para lançar os *álbuns* ou, muitas vezes, o próprio artista se encarrega disso.

As consequências da *revolução digital* para a indústria da música são gigantescas, mas a redução de intermediários está diretamente atrelada à expansão da internet e sua interatividade. Com uma estrutura simples, basicamente um computador conectado em qualquer lugar, o artista tem a capacidade de realizar sozinho diversas funções que na década de 1980 estavam restritas a um grande escritório empresarial, provavelmente em uma grande cidade. Cobrar direitos autorais, divulgar *shows* e difundir músicas são algumas tarefas que foram "facilitadas" pela *revolução digital*. A internet se tornou o meio básico da convergência, da coexistência de diversas plataformas interativas, virou símbolo de democratização de acesso e pluralidade de opiniões e gostos. Prato cheio para os agentes da indústria da música entrarem de sola e ampliarem seu alcance, difusão, distribuição e interação com esse consumidor mais exigente e participativo. A portabilidade da música fez com que surgissem novos atores nesse cenário e, ao mesmo tempo, diminuísse consideravelmente a necessidade de um intermediário ou um crivo oficial dizendo o que é bom e o que é ruim. *Blogs* especializados em música diluíram a responsabilidade do crítico de música do jornal e da revista, pois ambos passaram a ter um peso equivalente em termos quantitativos para o público. Listas dos amigos e aplicativos que compartilham músicas nas redes sociais passaram a ter, muitas vezes, uma importância maior na escolha por um repertório musical. O popular "boca a boca" ganhou outra dimensão na internet, porque ele pode estar acessível a muitas pessoas em tempo real.

O compositor, o artista, o cantautor estreitam os laços com seu público de uma maneira mais direta e dinâmica, e somente com a internet isso de tornou possível. Não há dúvidas que a *revolução digital* foi o motor e/ou meio dos outros fatores que geraram alterações na indústria da música. O navio aumentou de tamanho para conseguir navegar em novas águas. Agora, precisamos voltar as nossas atenções aos marinheiros.

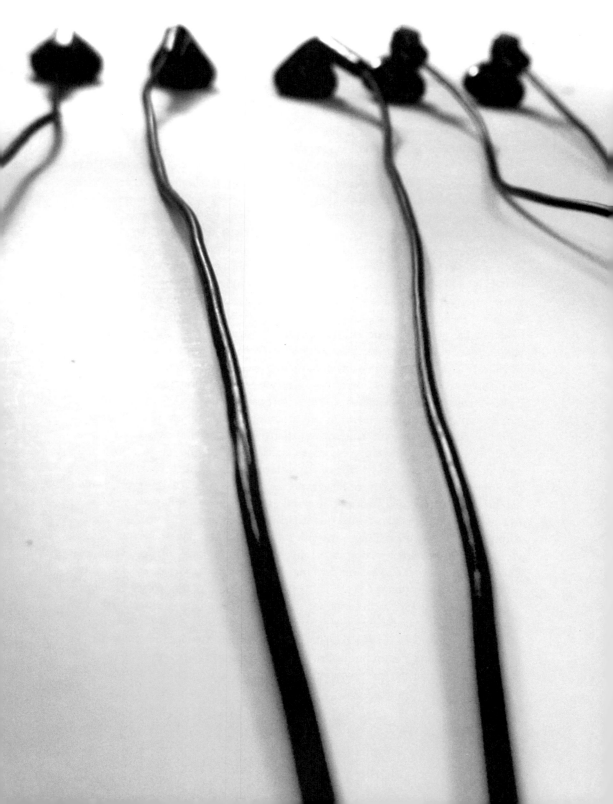

#03

A GERAÇÃO DE COMPOSITORES que entrou na indústria da música depois dos anos 1990, tinha a sua disposição uma série de ferramentas que permitiram uma atuação mais incisiva no mercado. Quem passou pela transição tecnológica teve que se adaptar a muitos costumes, inclusive mudanças significativas por parte das *majors*, e até mesmo de *indies*, na relação com o artista, no intuito de repensar suas estratégias econômicas para sobreviver em um mercado em *reconfiguração*. É realmente difícil se acostumar financeiramente a um cenário em constante expansão e transformação. Há uma tendência natural de compreendermos as coisas com começo, meio e fim, uma nova realidade em substituição à anterior, um novo suporte de música que substitui por completo seu antecessor, um novo ator que substitui outro. É mais complexo desenhar uma linha evolutiva com várias ramificações, entender um processo dinâmico que engloba novos agentes e expande seus horizontes, sem necessariamente extinguir ou substituir o que estava antes. E nesse sentido, como ficam as velhas estruturas? Quem faz o quê agora?

O próprio conceito de compositor não é mais o mesmo. Diversas ferramentas digitais permitiram que o ato de compor se tornasse mais democrático, no sentido de estar acessível a um número maior de pessoas. Os suportes digitais e a *revolução digital* proporcionaram inúmeras opções estéticas ao compositor, que tem à disposição uma grande quantidade de recursos de produção musical. Esse amplo acesso abre diferentes possibilidades a cada momento. Muitas pessoas que hoje compõe músicas não teriam essa oportunidade antes dos suportes digitais. Mas isso não significa que esses novos compositores têm menos capacidade musical que os anteriores e só sobrevivem por causa dos recursos surgidos. Quanto maior a acessibilidade maior a competição e, por outro lado, é necessário um conhecimento ainda maior para se destacar. O que ocorre, de fato, é que alguns desses processos composicionais são intrínsecos às novas tecnologias e alguns agentes se moldam a elas, ao mesmo tempo que outros constroem seu processo a partir delas. Para citar alguns exemplos, o *rock* não seria o mesmo não fosse as distorções das válvulas e sem a própria guitarra elétrica. João Gilberto não teria o mesmo êxito não fossem os microfones potentes surgidos nos anos 1950. Obviamente, não está em questão a qualidade técnica dos guitarristas e nem a importância cultural de João Gilberto, mas, sim, como os processos tecnológicos contribuíram para reposicionar e inserir alguns agentes e, paralelamente, redimensionar o papel dos mesmos frente ao mercado e o público.

Pierre Schaeffer, um dos precursores tanto da Música Concreta quanto da Música Eletroacústica, foi um dos primeiros a inserir na música elementos vindos de outras fontes que não os instrumentos musicais tradicionais no final da década de 1950. Desde então, vários compositores começaram a compor peças a partir de algum substrato "não musical". A Música Microtonal, que não se baseia na escala diatônica de doze notas, que é o pilar da música ocidental, pode se utilizar de computadores para distorcer frequências em intervalos menores que um semitom (da nota dó para o dó sustenido, por exemplo, podem ter várias outras notas intermediárias). As possibilidades vêm aumentando tanto, que muitos compositores vêm utilizando inúmeras técnicas e ferramentas eletrônicas para compor suas obras. E, mesmo com o surgimento de todas essas ferramentas, instrumentos tradicionais como o violão, piano, violino etc., continuam sendo tanto ou até mais utilizados do que antes. E é justamente essa perspectiva de convergência que altera o conceito do que é ser compositor depois da *revolução digital* e como ele atua com sua própria obra.

Henry Jenkins coloca que a cultura participativa muda alguns parâmetros antigos dos espectadores dos meios de comunicação. Eles já não seriam mais passivos, mas participantes ativos que interagem em um novo conjunto de regras. Talvez ninguém tenha entendido melhor essas "novas regras" na música brasileira dos anos 2000 do que os integrantes da Banda Mais Bonita da Cidade, de Curitiba. O primeiro *boom* do grupo se deu totalmente imerso nessa cultura participativa, que vai desde os compartilhamentos dos seus vídeos, passando pelos comentários positivos, e até mesmo brincadeiras feitas com suas músicas pelos usuários. Eles conseguiram envolver o público virtual de tal forma com seu trabalho, desde as próprias canções até os vídeos, o que potencializa sua atuação no mercado propriamente dito. Em uma de suas primeiras apresentações em Curitiba, o popular bis do *show* aconteceu do lado de fora, na rua, com a música mais conhecida do grupo, quando o público já havia saído do teatro. De uma forma ou de outra, conscientemente ou não, eles fizeram com que o público novamente participasse de forma ativa da sua música. Não somente na divulgação e nos compartilhamentos mas, nesse caso, as pessoas estavam dentro do próprio *show*. A banda conseguiu trazer para o seu principal produto (o *show*) a cultura participativa que eles alcançaram na internet e nas redes sociais. Não à toa, segundo seus próprios integrantes, quase todo o processo de produção e divulgação é feito através da internet. Isso nem chega a ser uma grande novidade pois, de forma geral, é a realidade de praticamente todos os artistas. Mas nem todos conseguiram compreender tão rapidamente como se inserir na cultura participativa e na convergência de meios e veículos como a Banda Mais Bonita da Cidade com seus vídeos e comunidades de fãs. Um dos principais fã-clubes do grupo organiza um encontro anual de seus membros com os integrantes da banda, que sempre participam. Esse é um bom exemplo de inteligência coletiva na música, pois são os próprios usuários (os fãs, ouvintes) que estão produzindo o "conteúdo" com esses eventos e postagens periódicas. Por outra abordagem, é também o que o cantor Leoni fazia alguns anos antes, estimulando que o seu público produzisse um conteúdo original (músicas) a partir de suas letras. Esses e outros exemplos parecem mostrar, de fato, que "o poder absoluto da indústria (no caso, das *majors*), como detentora dos canais de comunicação entre o artista e o seu público, deixa de existir".[1]

Além desses exemplos, temos também o grupo Móveis Coloniais de Acaju. A banda realiza seu trabalho imerso nas redes sociais para acessar os seus fãs e utilizam um *site* próprio como aglutinador e articulador de suas ações. Em 2008, o grupo resolveu abrir uma empresa para dar maior visibilidade à sua marca e aos seus produtos (camisetas, adesivos, CDs e DVDs) e, ao mesmo tempo, estabelecer parcerias pontuais com outras companhias, reduzindo os intermediários. Durante um bom tempo, a banda disponibilizava o *download* de suas músicas gratuitamente através do *site* Trama Virtual. Aliás, para os seus integrantes, o conceito de autoria das composições era totalmente relativizado pois já era, na essência, para ser compartilhado com o público. Teríamos ainda o exemplo do grupo Teatro Mágico, da grande São Paulo, que também pela internet conquistou um público cativo em praticamente qualquer cidade brasileira, e possuem um *site* muito bem organizado com informações, loja virtual, etc.

No Brasil, a Trama Virtual funcionou como uma plataforma para as *indies* e principalmente para os *autoprodutores* difundirem seus trabalhos e se comunicarem diretamente com o público. A principal novidade em relação ao MySpace era o *download* gratuito, estratégia comum entre os *autoprodutores*. De 2004 a 2013, o *site* abrigou mais de setenta mil bandas e artistas, promovendo uma interface de comunicação participativa com o público que chegou até a TV a cabo, no canal Multishow. Na época, talvez ainda não fosse possível mensurar como obter um bom retorno financeiro através de uma disponibilização gratuita de um produto ou serviço. Poucos anos mais tarde, uma série de aplicativos gratuitos encontraram maneiras de sobreviver sem fazer, necessariamente, os usuários pagarem pelos serviços oferecidos. É o caso do *WhatsApp* e dos aplicativos de táxi, como o 99Táxi, e o próprio Facebook. Na música, *sites* de *streaming* como o Rdio, Deezer e Spotify conseguiram importantes acordos comerciais com distribuidoras e editoras de música dos mais variados segmentos e das três estruturas de produção, apostando na quantidade e variedade de seu catálogo para atrair mais e mais pessoas. O ponto chave está na ampla utilização dos seus serviços gratuitos: quanto mais usuários, mais valioso fica o espaço para a publicidade. E alguns desses aplicativos de música passaram a cobrar uma pequena taxa de ouvintes que não estão interessados em anúncios, somente nas canções. No fundo no fundo, é uma lógica bastante parecida com a TV aberta e as TVs por assinatura. Quanto maior a audiência, mais caro custa o espaço publicitário de qualquer veículo de comunicação tradicional, e com *sites* e aplicativos é basicamente a mesma coisa. Os canais abertos são acessíveis a toda população sem custo, enquanto os canais pagos possuem conteúdos específicos que estarão disponíveis mediante uma assinatura mensal. Quem quiser ter acesso a esses outros canais, paga por isso. Claro, existem outras estratégias utilizadas por esses aplicativos gratuitos para obter lucro mas, de uma forma geral, quanto mais usuários ele possui, maior poder de negociação ele tem.

A Trama Virtual talvez não tenha tido fôlego de chegar até esse cenário, e muitos artistas passaram a apostar em seus próprios *sites* e outros *blogs* que convergiam de uma forma direta com o público. Da safra que se apoiou nesta plataforma, podemos destacar o grupo paulista Cansei de Ser Sexy. Cantando músicas em inglês de sua autoria, a banda alcançou quase um *mainstream* independente, chegando a figurar em eventos e festivais no exterior.

O YouTube é apontado como um dos responsáveis pela "crise do *download*". À medida que sua utilização aumentou, as pessoas também começaram a ouvir músicas através de vídeos. Diversos artistas passaram a disponibilizar *álbuns* inteiros na plataforma, em vídeos que tocavam músicas enquanto uma sequência de fotos de *shows*, da banda, do encarte etc. ficam passando na tela. Essa foi a base para o *streaming* em "detrimento" do *download*. O YouTube se transformou em uma rede social baseada nas imagens. Mas, na perspectiva da convergência, nada se perde, tudo se reconfigura. Os *downloads* gratuitos, na realidade, continuaram sendo um mecanismo fundamental para a cultura participativa, pois permitem compartilhamentos e interações do público com a obra e, consequentemente, com o próprio artista. As diferentes plataformas e redes se conectam entre si e dependem, mutuamente, dessa interconexão. Através dos vídeos de músicas e dos *blogs* e *sites*, a participação dos usuários e dos fãs nas redes sociais é alimentada de maneira bastante eficaz. O *streaming*, por sua vez, acaba sendo mais voltado para aqueles usuários interessados ou em buscar artistas desconhecidos, ou simplesmente ter sua estação de rádio particular à disposição, a hora que quiser, para ouvir somente aquelas músicas que mais lhe agradam. E esses usuários quase sempre são os mesmos que, em determinado momento, preferem somente ouvir e, em outro, também participar. Por essa razão, é importante que a música esteja disponível em ambas as situações. Com o tempo, tanto as *majors* quanto as *indies* e os *auto-produtores* buscam se inserir em todos esses ambientes da convergência musical.

Nessa altura do campeonato, é interessante pensarmos em exemplos e dinâmicas de forma mais prática e palpável. Vamos imaginar duas situações distintas no mercado para tentar entender melhor, de forma resumida, como poderia funcionar um trabalho musical profissional e sua relação com uma cultura participativa. Partindo do pressuposto que o artista em questão neste exemplo, nas duas situações a serem apresentadas, ainda não possui uma fama nacional de massa, e que boa parte de seu público tem acesso constante à internet. Naturalmente, teremos algumas exceções sem contar que parte da população brasileira ainda não está *online*. Podemos considerar, também, que a maioria dos artistas se encontra em uma faixa intermediária e poucos alcançaram um patamar midiático massivo como Roberto Carlos, que faz parte de um processo completamente distinto da indústria fonográfica e fugiria, facilmente, das situações a seguir. Por fim, consideramos também que a maioria do público consumidor de música no Brasil já possui acesso à internet, seja em casa, no celular, na escola ou em todos esses lugares.

Imaginemos, então, uma primeira situação em que o artista não possui suas músicas disponibilizadas na internet, por acreditar que ele deve vender seus discos nos *shows* e nas lojas. Neste cenário, uma pessoa que não conhece o artista entra em uma determinada loja que vende discos, encontra o CD deste artista e, por alguma razão, a capa chama sua atenção e ela resolva ouvir as músicas nos mostruários da loja. Na sequência, vem o mais importante: a pessoa gosta do que ouve. Chegando em casa, conta para os amigos e começa a espalhar, quase que oralmente ou até mesmo pela internet, divulgando para outras pessoas irem à loja, comprarem o disco e assistirem ao próximo *show*.

Na segunda situação, o artista disponibiliza gratuitamente suas músicas na internet por acreditar ser uma forma importante de promoção. Neste cenário, antes de chegar na loja, uma pessoa que também não conhece esse artista encontra as suas músicas na internet, gosta do que ouve e resolve compartilhar, quase que em tempo real, com seus amigos nas redes sociais. Muitos comentam, outros compartilham e combinam de ir ao próximo *show*. Na apresentação ao vivo, algumas dessas pessoas, inclusive, compram o CD. Além disso, em uma outra oportunidade breve, quando passeando pela loja (que há muito tempo não vende mais só discos), essa pessoa e outras que viram o primeiro compartilhamento, por alguma razão, acham a capa do disco chamativa em meio a tantos outros e resolvem comprar.

Várias perguntas são possíveis depois de apresentados os dois diferentes cenários. Qual das situações seria mais provável de acontecer? Qual delas teria maior capacidade de atrair público para um *show*? Qual das duas alcança o maior número de pessoas direta e indiretamente? E qual teria chances de vender mais discos físicos? Me parece que a resposta a todas essas perguntas é o segundo exemplo apresentado. Inclusive para vender mais discos, mesmo suas músicas já estando disponíveis livremente na internet. A capacidade de difusão do que está disponível *online* é muito maior do que o que não está. Por essa simples razão, a diferença entre essas situações passa a ser basicamente uma questão de probabilidade. Como o potencial de alcance é maior na internet, logo mais pessoas terão contato com essa obra que está disponível para *download* gratuito. E reparem que não está em discussão a qualidade artística, gosto pessoal e nem o apelo popular que o artista pode ter em cada uma das situações. A questão é puramente prática, levando em conta, simplesmente, qual dos cenários teria mais chances, em um mundo digital, participativo e convergente, de alcançar um número maior de pessoas.

Talvez a questão central para a música, após se consolidar no *streaming* e no *download*, seja buscar formas estáveis e sólidas de narrativas transmidiáticas, como ocorre no cinema hollywoodiano. Segundo o conceito apresentado por Henry Jenkins e a cultura da convergência, as narrativas transmidiáticas ocorrem quando elementos de ficção são dispersos em vários formatos de mídia e canais diferentes com o intuito de diversificar e, ao mesmo tempo, potencializar a experiência do entretenimento para fortalecer a marca que, muitas vezes, passa a ser uma franquia. Na própria definição de Jenkins está implícito o caráter cinematográfico, chamando a atenção para a ficção. Exemplos clássicos dessa narrativa são os filmes *Matrix* (este o primeiro) e *Harry Potter*, além da série *Lost* e vários outros.

Estes filmes e séries estabeleceram uma marca forte, transformando-se em franquias que extrapolam as telas de cinema, virando brinquedos, brindes, camisetas e vários outros produtos complementares. Para aumentar ainda mais o interesse do público pela franquia como um todo, a história é "dividida" em outras mídias como jogos de *videogame*, curtas-metragens, séries derivadas, livros, quadrinhos etc. Além das comunidades de fãs que compartilham e comentam (cultura participativa) e criam histórias paralelas e grupos de discussões para debater e prever os próximos desdobramentos da história (inteligência coletiva), partes dela ficam fora da tela e só vão poder ser encontradas nesses outros meios. Por exemplo, a história de uma personagem, considerada secundária no filme, ganha mais destaque nessas outras mídias, e esse conhecimento "extra" se complementa à história principal. Ou uma referência externa das ideias de um filósofo para a série alimenta os fãs e esse conhecimento (que não está no roteiro original, mas sim na obra do filósofo) passa a ser complementar para entender melhor a trama. Essas referências ou conteúdos externos criam diferentes camadas de conhecimento entre os usuários, pois nem todos irão a fundo e investigar tudo, ou chegam somente até certo ponto. Muitos roteiristas passaram a deixar lacunas de forma proposital, que só poderão ser preenchidas nessas outras mídias, o que acaba despertando um interesse duradouro do público por toda franquia.

Se no cinema e na televisão a narrativa transmidiática se encontra mais estabelecida, na música temos poucos ou nenhum exemplo que conseguiu atingir diversas mídias de uma forma a envolver o público com ela. O pesquisador Bruno Eduardo Pires de Souza apresenta um exemplo interessante do que ele considera uma narrativa transmidiática na música com a banda NIN e o *álbum Year zero*, de 2007. A banda e a empresa de entretenimento que a atendia criaram uma ação de *marketing* conhecida como ARG (*Alternate Reality Game*), que consiste, basicamente, em deixar como segredo algumas informações das personagens que só serão acessados pelo público que pesquisar e investigar as informações nas mídias alternativas. Essa técnica foi bastante utilizada na série *Heroes*. Além do disco, foram lançados *websites*, números de telefones, *e-mails*, vídeos, MP3, *pendrives* e outras mídias que continham códigos e mensagens secretas, que o público iria decifrando e obtendo novas pistas da história contada. Por essa disponibilização de música e conteúdo em mídias alternativas, a banda chegou a ser acusada pela Recording Industry Association of America (RIAA) de incentivo à pirataria.[2] Entretanto, as músicas serviam, na verdade, como um pano de fundo para uma ficção futurista, que se passa nos Estados Unidos no ano de 2022, considerado o "ano zero" pelo governo para o renascimento do país. A partir disso, uma série de mensagens eram decodificadas pelo público e novas informações eram disponibilizadas pela banda e pela empresa para envolver as pessoas com a história e, consequentemente, com sua franquia. Do ponto de vista da música, no entanto, essa experiência parece ter ficado restrita quase que a uma trilha sonora da história principal. Na prática, o *álbum* não se sustentaria como uma narrativa transmidiática sem a ficção e o jogo, sendo o conjunto uma franquia que tinha como base uma história com personagens (a exemplo do que já acontecia com os filmes e séries). A novidade seria a banda e o disco como partes desse processo, mas o trabalho musical do grupo em si não envolveu o público em outras mídias além da própria música.

Quando não amparada por um enredo com personagens complexos, de fato fica mais difícil para a obra de um compositor alcançar outras mídias. E, talvez, as narrativas transmidiáticas sejam mesmo um fenômeno específico da ficção, apesar de termos franquias estabelecidas dentro do *star system*, mas não narrativas transmidiáticas propriamente ditas. Por outro lado, faixas escondidas nos *álbuns*, por exemplo, já acontecem há muito tempo e sempre despertaram o interesse e a curiosidade do público em procurar. Após fazer isso em um determinado disco, os fãs daquela banda aguardavam e procuravam uma outra faixa escondida no próximo *álbum*. Mas, ainda assim, estamos falando da mesma mídia: o CD ou o MP3. O fato é que o grande alcance que esse tipo de narrativa do cinema já obteve chama a atenção das outras artes, que podem tentar adaptar essa prática à sua realidade. Não seria impossível pensar uma estratégia análoga para a música. Inclusive, já há alguns compositores, como o uruguaio Jorge Drexler, que lançaram um aplicativo para celular no qual o ouvinte monta a sua "própria música do Drexler", colocando os instrumentos e as vozes do artista da forma que quiser, resultando sempre uma canção diferente e individual. Este talvez seja um embrião de uma narrativa transmidiática na música, que pode muito bem ser expandida. Ou, ainda, podemos citar o próprio vinil que, como um artigo de luxo, alguns artistas lançam compactos em pleno século XXI que podem ser complementares ao *álbum* físico ou virtual.

Vários cantautores vêm adquirindo uma independência do processo de gravação, o que gera uma reação em toda a cadeia relacionada à uma carreira musical. Muitos conseguem montar em sua própria casa um pequeno estúdio com qualidade profissional, e gravam seus discos ou, ao menos, pré-produções sem ter que depender de um estúdio de grande porte. Muitos nem têm a pretensão de ter um "equipamento de ponta", somente o suficiente para realizar seus próprios trabalhos. Sem um intermediário e atingindo um bom nível técnico e profissional nas gravações, com menos pessoas envolvidas e com custos consideravelmente menores, o cantautor passa a não ter a pressão de ceder parte dos direitos autorais das músicas gravadas e nem mesmo do fonograma à gravadoras e editoras. Como as *majors* controlavam o processo de produção musical nos estúdios que tinham um alto custo, elas ditavam o tom dos contratos e eram raras as exceções que conseguiam alguma alteração nos mesmos. Tradicionalmente, os cantautores cediam às imposições e acabavam tendo as gravadoras como "sócias" de seu trabalho musical em sua integralidade. Sem entrar no mérito de julgar se essas parcerias foram vantajosas para ambas as partes ou não, o fato é que boa parte desses cantautores passou a enxergar mais vantagens em seu processo autônomo do que estar vinculado a qualquer gravadora. Mesmo que em um primeiro momento possa ter sido por falta de opções, em pouco tempo passaram a optar por esse caminho, e outros decidiram deixar a sua gravadora e tomar as rédeas de sua carreira.

Como em todo processo de industrialização, a música também sofreu uma segmentação de seus agentes participantes na produção em si. Para se adaptar a um processo capitalista de grande escala, as empresas do setor necessitavam mapear os profissionais envolvidos e a função de cada um, a fim de fazer a engrenagem girar de forma rápida e lucrativa. O desafio era transformar um produto abstrato e sem uma utilidade prática-funcional (a música), que como já demonstrou Simon Frith, seria um produto comercialmente inviável, em algo amplamente difundido, vendável e necessário a muitas pessoas. Uma das saídas encontradas foi justamente moldar o processo de produção aos padrões industriais tradicionais, reduzindo, assim, sua imprevisibilidade que é inerente à criação artística. Poderíamos dividir, didaticamente, assim como fizeram alguns pesquisadores da área, a produção musical em três grandes campos: (a) Criação, (b) Mediação e (c) Recepção e Consumo.[3] No primeiro, estão os compositores, músicos, arranjadores, intérpretes, produtores musicais e outros profissionais envolvidos diretamente com a música propriamente dita. O segundo ainda poderia ser subdivido entre os técnicos e administradores (engenheiros de som, estúdios, gravadoras, editoras de música, distribuidores, agentes, fábricas, empresários etc.) e a difusão em mídias (rádio, cinema, televisão, publicidade, videoclipes, *shows* etc.); o último campo seria o do consumidor final, os ouvintes. A partir dessa divisão, podemos perceber que o processo de industrialização se baseou fortemente no segundo campo, que é justamente onde as *majors* atuam. Tomemos a indústria automobilística como um exemplo de produção em larga escala em um típico processo industrializado. Este segmento é extremamente complexo e não é difícil imaginar que cada parte do carro é produzida por um setor altamente especializado: a lataria, o motor, a parte elétrica, os pneus, os assentos estofados etc. Cada um possui suas próprias subdivisões e não interfere no outro, produzindo unicamente peças para o motor, buscando novas tecnologias para os pneus ou melhorando acabamentos para a lataria. Há uma linha de montagem, uma ordem de produção que é seguida à risca e cada um tem seus controles de qualidade. De maneira geral, é o processo que foi retratado de forma crítica no filme *Tempos modernos*, de Charles Chaplin, de 1936. E toda essa montagem precisa ser coordenada por alguém ou por um grupo e, posteriormente, um outro departamento cuida do *marketing* e de como os automóveis devem chegar até o consumidor final. A música, guardadas as devidas proporções, foi inserida neste mesmo processo nos campos da produção musical. Ainda que possa haver alguma adaptação ou alteração específica dentro desses campos, de forma genérica e resumida, é assim que está estabelecida a divisão de trabalho dentro da indústria da música, especialmente a fonográfica. Talvez como em qualquer setor industrializado contemporâneo, o campo de atuação da matéria-prima (no caso o de Criação) acaba se adaptando às exigências mercadológicas dos mediadores, de quem organiza todo o processo de distribuição e difusão de um determinado produto. A particularidade na música é que se tratava de um produto sem uma função prática para a sociedade. Já os carros, possuem uma utilidade clara e estabelecida para as pessoas. Como diria Paulo Leminski, a arte em si é um inutensílio, pois não serve a um fim específico com uma utilidade qualquer; ela representa sua própria essência e, justamente por essa razão, é fundamental para a sociedade, faz parte de sua cultura. Historicamente, inclusive, a arte e a cultura eram a base da dominação de um povo sobre o outro. Mas, mesmo assim, a música não gera um produto palpável por si só. Ela acontece no tempo e no espaço. E, do ponto de vista comercial, era necessário encontrar uma fórmula de transformar esse produto "abstrato, inútil e fracassado" em algo que pudesse ser vendido em massa como qualquer outro. E, talvez, a solução tenha surgido da sua própria volatilidade.

É nesse ponto que entra a atuação histórica das *majors* em determinar como funcionaria todo o mercado e todas as etapas de produção. Além de mapear o processo produtivo, elas protagonizaram, durante o século XX, aquele monopólio da produção, difusão e distribuição, aproveitando os suportes e os avanços tecnológicos. Elas transformaram os discos em obras de arte e fetiche e os artistas em ídolos para, assim, alcançarem um mercado de massa. Por um lado, graças a isso, a música alcançou um *status* essencial na sociedade atual do ponto de vista comercial, econômico, cultural e industrial. Com o controle desse tripé, era muito mais fácil atingir cifras expressivas, mesmo se tratando de algo abstrato, uma vez que não havia muitas surpresas do que o público teria acesso tanto nas rádios, nas televisões quanto nas lojas. Era o sentimento da surpresa sem muitas variáveis, controlado, mas ainda procurando manter a emoção que era fomentada pelos meios de comunicação. Os aspectos principais das teorias críticas à indústria cultural, protagonizadas por Theodor Adorno, se basearam nessa questão, nessa "pseudo-escolha" do público com o que era consumido.

A relação das *majors* com o campo da Criação era, portanto, altamente privilegiada, podendo garimpar e escolher o que se encaixasse nas suas estratégias ou o que possuísse um potencial carismático. Como se o jogo fosse jogado conforme suas regras, logo o risco de perder era pequeno. Mesmo assim, muitos tiros tinham de ser disparados para acertar o alvo e manter a margem de lucro e, naturalmente, que vários deles passavam longe e outros poderiam até mesmo sair pela culatra, como aconteceu com o início da pirataria.

O fato é que, após a *reconfiguração* da indústria da música, muita coisa saiu de seu lugar comum. A ordem tradicional das produções musicais foi alterada. Os suportes e as técnicas digitais bagunçaram todo o campo da Criação, fornecendo outras formas e outras possibilidades para a composição e, também, para o processo de gravação em si. A *revolução digital* alterou profundamente o campo da Mediação e inseriu novos agentes, alterou o papel dos antigos e possibilitou o surgimento de outros processos de mídia que, antes, não existiam sem necessariamente substituir os anteriores. Como se não bastasse, em meio a uma efervescente cultura da convergência, alguns métodos surgiram dialogando com seus antecessores, novos e velhos formatos convivem, e o campo da Recepção e Consumo não representa mais um público estático e passivo. Na cultura da convergência, o público interfere nas suas escolhas, e isso abalou a estrutura industrial das *majors* e expandiu os horizontes. Todo esse rearranjo, em pouco mais de vinte anos, permitiu que o cantautor pudesse reverter o processo industrial e experimentar outras fórmulas de produção. Este agente já poderia sair da linha de montagem da Criação e migrar para a direção da fábrica supervisionando a montagem do produto, subvertendo a lógica especialista e reposicionando o campo da matéria-prima em uma produção contra-industrial, em que ele participasse de todas ou várias etapas da produção, se assim quisesse.[4]

Essa autonomia não resulta, como talvez possa parecer, em um processo solitário e amador de produção. Aliás, muito pelo contrário. Vários cantautores e suas bandas possuem uma preocupação especial com a qualidade profissional do seu produto final. Seja por investir em ter um estúdio de alto padrão para, entre outras coisas, produzir seu próprio trabalho, ou por se associar com outros produtores e artistas ou, até mesmo, firmar contratos de representação e distribuição, o objetivo final é a melhor qualidade técnica, artística e mercadológica possível. Essa preocupação confronta fortemente a imagem de amadores e artesanais que o termo *músico independente* adquiriu no Brasil nos anos 1970 e, principalmente, nos anos 1980. Segundo um dos principais pesquisadores de música popular, o neozelandês Roy Shuker, escritor do livro *Key concepts in popular music*, que foi sucesso nos Estados Unidos e na Inglaterra, esse termo está relacionado a pequenos selos com relativa autonomia no processo criativo e produtivo, ao contrário do que ocorre na grande indústria do disco (*majors*), na qual cada etapa está previamente planejada sem nenhuma autonomia para o artista.[5] Os *autoprodutores*, por outro lado, por terem uma maior liberdade, tanto no processo criativo quanto no empresarial, monitoram suas carreiras mesmo que haja uma produtora, um selo ou uma distribuidora intermediando algumas das etapas. Há uma centralização maior, e ele passa a desempenhar várias funções ao mesmo tempo, que antes eram distribuídas entre empresários, agentes, captadores etc. A redução dos intermediários forneceu possibilidades para o cantautor ter o ônus e o bônus de sua carreira profissional. Inclusive, a capacidade de estabelecer parcerias com outros artistas e se inserir em um espaço de convergência de público passou a ser valorizado. Essa é uma das razões porque o termo "independente" já não representa mais, na prática, nenhuma das estruturas de produção na música. Tanto as *indies* quanto os *autoprodutores*, tradicionalmente vinculados a esse conceito, acabam dependendo de parcerias, formais ou informais, com outros selos, associações, cooperativas de artistas etc., para se inserir no mercado. E conseguir estabelecer uma boa capilaridade entre esses meios se tornou igualmente essencial. Além disso, esses dois modelos de negócios já estão inseridos em um contexto profissional (do ponto de vista técnico e artístico) há tempos e não condizem mais com a imagem amadora e marginal que vem junto com esse conceito. Logo, o discurso embutido no termo "independente" perde o sentido, pois representa muito mais um momento de transição na qual pequenos selos buscavam outras alternativas independentes do *mainstream*. Com o estabelecimento de outras estruturas de produção na indústria da música, essa aparente independência e a persistência no uso do termo se tornam algo mais panfletário e marqueteiro do que real. É mais válido analisarmos do ponto de vista mercadológico, concreto e macroeconômico do que estabelecer uma dicotomia que, na prática, não existe. As três estruturas de produção buscam se firmar, fortalecer seus mercados, explorar novos segmentos ou, simplesmente, manter e ampliar o seu posicionamento na indústria. E isso ocorre de maneira simultânea, e muitas vezes de forma interdependente com relações comerciais entre as diferentes estruturas.

Outra questão é também entender o que está por trás dos principais veículos que são considerados o carro chefe da independência na internet, da qual todas as estruturas de produção dependem diretamente. O Google (que abarca uma série de outras plataformas como o YouTube) e o Facebook são hoje grandes companhias e conglomerados inseridos dentro da engrenagem capitalista, mais ou menos como qualquer outra gravadora ou grande empresa. Isso só pra citar dois exemplos. Essa é outra razão porque o discurso embutido no conceito de "música independente" cai fatalmente em uma série de contradições quando olhamos mais atentamente e não reflete em nada o que realmente acontece, nem por ser amador e muito menos independente. Há todo um sistema de mercado, mídia, difusão e distribuição que depende de uma coisa ou de outra.

Alguns pesquisadores consideram que muitas *indies* reproduzem as práticas empresarias das multinacionais e, de fato, algumas o fazem. A diferença básica entre as *indies* e os *autoprodutores* é que os primeiros atuam no campo de Mediação da cadeia de produção musical, assim como as *majors*. Dessa forma, não seria de se espantar que algumas práticas e contratos fossem simplesmente reproduzidos. Primeiramente, porque algumas *indies* possuem ou possuíram relações intrínsecas com alguma *major*, até mesmo de sociedade. E, segundo, que por serem empresas atuantes no setor fonográfico e musical, é natural que elas buscassem alcançar patamares semelhantes a uma *major*. E, nesse contexto, muitas cartas do jogo já estavam postas, sendo necessário somente puxar mais uma cadeira e sentar à mesa para jogar. Os *autoprodutores*, por sua vez, acabaram se inserindo nos três campos da produção musical, inclusive no de Recepção e Consumo, no contato direto com o público e sua cultura participativa. Dentro de uma perspectiva contra-industrial, eles rompem o processo e diminuem intermediários, exercendo até mesmo o papel que exerceria uma *indie*.

Inter-relações e migrações de uma estrutura para outra ocorrem desde o início de seu estabelecimento. Nada mais natural que, em um mercado dinâmico, uma *major* percebesse que era possível prospectar um novo nicho de mercado por intermédio de uma *indie* em ascensão. Ou uma *indie* que buscasse em algum *autoprodutor* uma parceria comercial. Ou ainda, principalmente após os anos 2000, um artista de uma *major* sair e passar a gerenciar sua carreira como um *autoprodutor*. Exemplos não faltam como foi demonstrado, mas essas relações de mercado se estabelecem, muitas vezes, de forma unilateral e, quase sempre, a empresa de maior capital econômico leva vantagem e abre menos concessões como também ocorre na maioria dos segmentos da economia, apesar disso não ser uma regra absoluta.

Dos anos 1980 até a década seguinte, muitas bandas eram contratadas pelas *majors* simplesmente para não concorrerem com algum outro lançamento que poderia competir em público e espaço na mídia. Como havia sido traçado um planejamento e um investimento em uma determinada banda, vários produtores viajavam o país no intuito de contratar bandas similares, que tinham potencial igual ou semelhante. O planejamento para essas contratações secundárias era consideravelmente menor, com alguns *shows* e eventos esporádicos e pequenos, com o intuito claro de proteger o grande mercado para o trabalho da banda principal. Esta sim, estaria estourada nas paradas de sucesso nacionais. Em alguns casos, esses grupos tinham o sucesso medido pelas *majors* que, como possuíam um grande *casting* de artistas relativamente próximos em gênero musical, investiam mais ou menos de acordo com o retorno inicial obtido. Grupos de várias cidades brasileiras acabaram sendo objeto desse tipo de contratação, como foi o caso dos curitibanos do Blindagem, nos anos 1980, e Senhor Banana, nos anos 1990. Ainda que as bandas tenham alcançado destaque nacional, não chegaram a figurar como um sucesso midiático. Outro exemplo mais recente em Curitiba foi a banda Fuja Lurdes. Já além da metade dos anos 2000, o grupo teve um contrato promissor com uma *major* mediado por uma *indie* que prospectava o nicho de *pop rock* pelo Brasil. Como não fazia parte do *casting* principal, que contava com outros grupos como CPM22 (este último foi o que recebeu todo o planejamento midiático da gravadora no período), após o lançamento do primeiro disco o processo se tornou lento e o contrato não foi finalizado, resultando no fim da banda. Em São Paulo, alguns grupos de *rock* revelados pelo Lira Paulistana, nos anos 1980, também foram contratados por *majors* e a maioria não alcançou grande projeção na mídia.

Esses são somente alguns exemplos, e isso ainda ocorre, em média ou grande escala, em vários gêneros em várias cidades, principalmente com o *pop* e o *rock* nacional. Essas contratações secundárias se tornaram uma excelente estratégia de proteção de mercado, diminuindo, ao máximo, concorrentes para reduzir os riscos daquele lançamento principal que se encaminhava. O sentimento de resistência representado por algumas *indies* entra em contradição ideológica por conta dessas condições de produções, baseadas no controle do mercado e, também, na redução da autonomia artística imposta por essas gravadoras. O diretor artístico, funcionário da gravadora, tem um papel fundamental nesse contexto. Ele é a pessoa que faz o direcionamento do trabalho, escolhe o produtor e toda a equipe que irá atuar na produção musical do disco, concepção visual etc. Muitas *indies* (não todas) também reproduzem esse padrão tendo esta figura como uma peça chave no processo de produção do *álbum*. Nos *autoprodutores*, o diretor artístico raramente está presente e sua função se dilui na própria banda, no produtor musical ou, às vezes, numa pessoa de fora. Porém, na maioria dos casos, o próprio artista está à frente e coordena, individual ou coletivamente, o processo artístico. E mesmo quando há alguém externo cumprindo essa função, ela sempre passa também pelo artista. Em suma, a resistência e a independência passam a ser apenas bandeiras, um discurso, quase que um *slogan* de alguns selos com o intuito claro de se inserir em um determinado nicho de público e mídia. Se uma *indie* possui uma conexão direta com uma *major*, não faz muito sentido que elas atuem no mesmo segmento de mercado. Então, nessa parceria caberia à *indie* trazer à tona o *slogan* de resistência ou independência para se diferenciar da *major* e navegar em outras águas mas, no fundo, estamos falando do mesmo grupo ou da mesma empresa com nomes distintos. São contradições inerentes a uma disputa de mercado capitalista, na qual o *marketing* tem muito peso.

São vários os exemplos e relatos de experiências com gravadoras, sejam *indies* ou *majors*, que não foram frutíferas para o artista. Por outro lado, vamos encontrar também diversos outros relatos apontando sucesso e satisfação nessas relações. No entanto, o ponto principal não é julgar ou demonstrar qual modelo de negócio é o mais vantajoso para esse ou aquele tipo de artista, nem tentar prever e elaborar qualquer tipo de receita para uma atuação dentro do mercado. O dado mais relevante é perceber que se estabeleceram relações sociais e mercadológicas distintas do que foi cristalizado na música brasileira durante o século XX. A *revolução digital* e todos os seus desdobramentos reconfiguraram a indústria da música a tal ponto que o próprio artista pôde perceber e escolher outros caminhos viáveis se ele percebesse que não estava tendo nenhuma vantagem comercial com as relações baseadas nos padrões anteriores. Se por alguma razão nem esta e nem aquela gravadora fornecessem condições mais propícias, o artista teria condições de organizar sua produção de maneira autônoma de outras formas.

Os *autoprodutores* passam a constituir, portanto, um segmento verdadeiramente autônomo dentro desse contexto. Este tipo de trabalhador existe em diversos outros segmentos. Não é incomum encontrarmos médicos, advogados, engenheiros, dentistas e outros profissionais que atuam como autônomos no mercado de trabalho, ou seja, não estão empregados em nenhuma empresa e exercem sua profissão normalmente por conta própria. E isso ocorre já há algumas décadas no Brasil. Na música, contudo, essa autonomização só passa a ser possível e viável, do ponto de vista econômico, após a *revolução digital*. Principalmente depois dos anos 2000, vários cantautores, artistas e bandas passaram a gerenciar sua carreira de forma ativa, desenvolvendo seus próprios métodos de atuação profissional no mercado, abrindo suas próprias empresas, estabelecendo contratos e projetos. Além de conceber o trabalho musicalmente, estes artistas coordenam o processo de gravação, confecção e lançamento do *álbum*; articulam parcerias, contratam produtores, prospectam *shows*, colocam suas músicas para distribuição em lojas físicas e digitais, *sites* de *downloads*, *blogs* e *streaming*. Em outras palavras, eles atuam dentro do seu mercado, com suas particularidades, assim como um médico gerencia seu consultório contratando uma secretária, organizando um sistema de atendimento telefônico, firma convênio com os planos de saúde que lhe são mais vantajosos, implementa um sistema *online* de atendimento aos pacientes e verificação de exames, e assim por diante.

Nesse sentido, a distribuidora Tratore chama a atenção com relação à distribuição de discos. Vários artistas de Curitiba, São Paulo e de outras cidades têm contrato com a empresa para distribuir seus trabalhos de forma física e digital, tanto *indies* quanto *autoprodutores*. Com seu *slogan* de "a distribuidora dos independentes" (novamente, a utilização desse conceito para se diferenciar dentro do mercado), a Tratore não se configura como um selo e nem como uma gravadora, não lança produtos próprios pois se especializou em distribuir, dentro e fora do Brasil, os lançamentos não vinculados às *majors* desde 2002. Existem outras distribuidoras que atuam de forma semelhante, demonstrando uma tendência de que até mesmo o mercado fonográfico global, supostamente em crise, já encontrou alguns canos de escape para seus produtos, sejam físicos ou virtuais. Há uma estimativa que essas distribuidoras, especialmente a Tratore, sejam responsáveis pela distribuição de cerca de um terço de tudo que é lançado no Brasil, sendo mais um indicativo importante de que as *majors* não controlam mais, nem de longe, o mercado fonográfico como um todo. Mais da metade do que a Tratore distribui já é digital e, em julho de 2015, tiveram o mês de maior faturamento de sua história.[6] Este é mais um indicativo importante de que *indies* e *autoprodutores* se estabeleceram de forma competitiva no mercado, aumentaram sua participação no bolo e continuam buscando espaços.

Outro exemplo seria a empresa Trama, apontada por alguns pesquisadores como sendo a maior empresa do setor fonográfico brasileiro (pelo menos por um tempo) não vinculada a nenhuma *major*.[7] Ao criar a Distribuidora Independente, a Trama aposta no indivíduo como consumidor e contam com um sistema empresarial em rede fornecendo "um espaço para novos artistas apresentarem seus trabalhos, sem manter vínculos com a gravadora; além de uma empresa que media o acesso ao mercado para universitários".[8] Nessa perspectiva, um dos seus braços era a Trama Virtual, que atuava como uma plataforma na internet.

Depois do fenômeno da *revolução digital*, os *autoprodutores* começaram a atuar diretamente na busca pelo seu mercado. Mesmo com o fortalecimento das *indies*, após os anos 1990, essas transformações provocaram uma avalanche de novas produções e, ao mesmo tempo, dilataram alguns nichos e propiciaram o surgimento de outros. Por conta disso, as *indies* também não tiveram condições de responder nem a toda demanda do público e nem dos artistas. E, nesse contexto, os *autoprodutores* passaram a buscar seu mercado de forma direta, em pequenos acontecimentos, eventos colaborativos, cooperativas, festivais, feiras, que as *indies* não conseguiram atender em sua totalidade. Até mesmo eventos maiores começaram a perceber que não era indispensável investir todo o seu recurso contratando grandes nomes nacionais, pois com menos artistas de expressão e mais emergentes, digamos assim, eles continuariam fortalecendo a marca do seu evento e, ao mesmo tempo, atraindo um bom público, ganhando em quantidade de *shows* diferentes. E, nos anos 2000, surgiram inúmeros festivais que apostavam nos *autoprodutores* como seu produto principal, vários deles específicos de gêneros como o *rock*. Alguns com incentivos governamentais, mas outros viabilizados com patrocínios da iniciativa privada ou até dependentes única e exclusivamente do ingresso pago pelo seu público, como é o caso do Festival Psicodália que ocorre no Paraná desde o início dos anos 2000. Além dos eventos propriamente ditos, o artista percebeu a necessidade de trabalhar com a cultura participativa, ir diretamente onde o seu público está e dialogar com ele, sejam jovens, universitários, classe média, baixa, alternativos, *hipsters* etc.

A figura clássica do *manager* ou empresário se estagnou mais ou menos nos mesmos moldes estabelecidos pelas *majors*, inclusive com menos novidades em seu *casting* a exemplo das mesmas. Isso porque está sendo cada vez mais comum encontrar artistas que não possuem um *manager*. Ou melhor, que eles mesmos são seus próprios *managers*. E, inclusive, passa a haver uma diferença mais clara entre "agenciamento" e "gerência". Quando esses dois papéis estão centralizados no *manager*, eles acabam se confundindo. Afinal, estamos falando da mesma pessoa. Muitas vezes, por força de contrato ou por simples falta de experiência, o artista não possuía uma liberdade total para decidir os rumos de sua carreira. Com os *autoprodutores*, vemos que o próprio cantautor, o intérprete ou o grupo pode terceirizar o agenciamento de *shows* e eventos para uma produtora, se achar conveniente. Mas a gestão do que aceitar, com quais estratégias seguir, onde disponibilizar suas músicas etc., acaba centralizada no próprio artista. E muitos deles declaram isso abertamente, pois não faz sentido para alguns ter mais um intermediário em torno do seu trabalho. Os próprios empresários têm menos interesse em prospectar e investir junto com o artista em uma carreira desde o início, preferindo trabalhar com nomes já estabelecidos. Esta relação de empresariado (*manager*) e artista tende a ficar restrita a alguns gêneros musicais e nichos específicos, diferente de ser quase que uma exigência do mercado, como era até os anos 1980. Por essa razão, alguns cantautores passaram a exercer a gestão de seu trabalho de uma forma quase que forçada, e outros optaram por esse caminho desde o início. Eles passaram a atuar em todas as etapas, de uma forma ou de outra. Mais adiante, quando convier, ele pode terceirizar algumas funções tal qual um médico, dentista ou outro profissional autônomo.

Não existe, entretanto, uma maneira única de atuação no cenário musical. Como são os próprios artistas que organizam boa parte de sua produção, que é o que os define como *autoprodutores*, é natural que existam diferentes maneiras de gerenciamento. No caso dos cantautores, além de comporem e produzirem seus próprios trabalhos, alguns mostram que podem atuar como produtores de outros artistas, formando uma rede social complexa dentro da indústria da música no Brasil. Esta expansão representa um cruzamento de funções e profissionais na qual, em um determinado momento, uma pessoa ocupa um espaço e, em outro, pode estar em uma função completamente distinta. Se considerarmos cada trabalho musical como um produto isolado, uma hora ele pode ser somente o músico acompanhante, outra o próprio cantautor, outra o produtor musical, e assim por diante. Cada uma dessas "pequenas fábricas" monta o seu produto e engloba o profissional da outra para exercer uma função diferente. Do ponto de vista macroeconômico, são milhares de relações comerciais pontuais que se formam e resultam em uma grande quantidade de produtos e músicas jogados no mercado. Cabe ao gerente de cada fábrica buscar uma forma eficiente de fazer o seu produto chegar até o público-alvo mais adequado, e compreender que este público é complexo, diversificado, exigente e participativo.

Sem contar a intersecção entre diferentes linguagens artísticas. É comum um compositor atuar em trilhas sonoras de filmes ou como ator, escritor, professor, em espetáculos de circo e, até mesmo, na publicidade. Essa migração para outros segmentos, além da indústria da música, é um fator recorrente. Por essa razão, quando analisamos aquela figura comparativa entre indústria da música e indústria fonográfica, vemos uma série de linhas e pontos que fogem aos dois círculos.* A complexidade dessas inter-relações, dentro e fora da música, só tende a aumentar, mas o fato é que essas ramificações eram bem menores antes da década de

---

* Sugiro voltar à página 61 para ver novamente a figura "Ilustração comparativa entre Indústria da Música e Indústria Fonográfica".

1990. As opções individuais sobre produção, composição, letra, performance etc., proporcionaram uma extensão da atividade profissional, facilitadas pelo acesso à informação e à comunicação.

De uma certa maneira, a geração de *autoprodutores* do século XXI pode ser considerada uma extensão da movimentação surgida no Lira Paulistana de São Paulo. A exemplo do que acontecia com esses artistas, os *autoprodutores* não são homogêneos com relação a gêneros e estilos musicais. Essa constatação, segundo alguns autores e artistas, faz com que não se possa considerar que seja um movimento propriamente dito como a Tropicália. Esta, sim, possuía uma proposta estética, o que não ocorreu no Lira Paulistana e nem com os *autoprodutores*. Estes últimos representam uma evolução da atitude de produção autônoma presente nos primeiros, mas que não possuía um contexto favorável a uma consolidação profissional perante o mercado. O desenvolvimento da atuação mercadológica de alguns artistas, principalmente cantautores, resultou nesta estrutura de produção viável economicamente dos *autoprodutores*. Muitos dos artistas do Lira Paulistana continuaram atuando e gerenciando suas carreiras, montando selos e empresas para dar vazão às suas produções. Houve uma efetivação do discurso do ponto de vista da produção musical. E se formos traçar uma comparação estética, também podemos encontrar relações de alguns artistas dos anos 2000 e 2010 com o Lira Paulistana, no que tange, por exemplo, ao humor e à diversidade de influências.

Sobre dados concretos, ainda que não haja muitos estudos sobre a atuação desses *autoprodutores*, é interessante analisarmos a oscilação dentro do mercado, quando observamos informações vindas das associações que atuam com as outras estruturas de produção. Dados fornecidos pela ABPD (que além das grandes gravadoras internacionais também engloba a Som Livre e algumas poucas nacionais) mostram que o mercado musical, no Brasil, caiu 25% entre os anos de 2006 e 2007 devido, segundo eles, à pirataria, despencando do 7° para o 12° lugar no *ranking* mundial. Já em 2009, o país apresentava uma recuperação expressiva com o aumento das vendas digitais.[9] Em 2014, entretanto, o recuo no mercado físico de música (- 15%) foi compensado pela segunda vez pelo crescimento nas receitas digitais (+30%), tendo um aumento global das receitas de 2% puxado pelo *streaming*, que já representa 23% do mercado digital nacional.[10] Esta foi a primeira pesquisa publicada pela ABPD na qual a entidade tenta incluir o chamado "setor independente" em seus dados.

Segundo informações de 2010 da ABMI, tradicional representante das *indies*, no ano de 2007 foram lançados 55 títulos nacionais e 75 estrangeiros licenciados no Brasil pelas grandes gravadoras, contra 784 de suas afiliadas; a estimativa era que esses lançamentos ultrapassassem 800 títulos nos anos seguintes, sendo a Biscoito Fino, uma das maiores, responsável sozinha por 98 títulos lançados no período, mais do que a soma das quatro grandes multinacionais.[11] Ainda encontramos dados que, segundo a IFPI, o mercado global no Brasil sofreu uma queda de 80% entre os anos de 2004 e 2008; as afiliadas à ABPD responderiam sozinhas por cerca de 80% do mercado nacional.[9] De acordo com um estudo publicado pela Fundação Carlos Alberto Vanzolini, de 2012, que procura ser mais abrangente e tenta englobar todo o setor fonográfico, estima-se que as vendas das chamadas gravadoras independentes sejam superiores a R$42 milhões por ano e que já representem pelo menos 12% do mercado nacional, podendo chegar a 25% pela margem de erro e variações. Das gravadoras consideradas na pesquisa, 107 são associadas à ABMI e representam a maioria (31,5%) das empresas fonográficas encontradas. Foram identificadas no total 369 empresas atuantes no mercado fonográfico, sendo 340 gravadoras e 29 de outras atividades (distribuidoras, editoras, produtoras etc.). O número de grupos e artistas considerados autores de algum título musical (CD e DVD) foi de 5.864, separados de acordo com sua popularidade e venda medidos através do *site* Vagalume. Este estudo leva em conta informações publicadas pela AMBI e outras associações, além da Tratore e fontes acadêmicas, muita pesquisa na internet e *sites* oficiais dessas empresas, considerando principalmente a região sudeste do Brasil.[12]

A discrepância entre a quantidade de produtos diferentes lançados pelas *majors* e pelas *indies* é muito grande. Se forem considerados dados dos *autoprodutores*, que, quando são considerados, ainda aparecem de uma forma subestimada, a diferença seria ainda muito maior. A distorção, não só no mercado nacional, mas, também, em outros países, é uma constatação clara. De alguma forma, a minoria dos produtos lançados representa a maioria do mercado de música. E isso não ocorre por concorrência natural da oferta, muito menos por mágica. Essa diferença é explicada pelo monopólio e pelo *status quo* construído e mantido pelas *majors* ao longo de vários e vários anos. Não somente devido ao crescimento do mercado digital mas, também, pelos diversos fatores apontados para a *reconfiguração* da indústria da música, as *majors* já devem representar menos de 80% do mercado, segundo algumas dessas pesquisas mais recentes. Pode parecer irrelevante, mas em pouco mais de uma década, praticamente 10% do mercado foi redimensionado para outras estruturas de produção, o que é muito significativo. Isso se deve ao fortalecimento e profissionalização das mesmas e paralelamente ao inchaço da indústria da música como demonstrado. Com o aumento do navio, novos marujos puderam subir a bordo e os que já estavam conseguiram ocupar uma parte desses espaços.

A Associação Americana de Música Independente (A2IM), dos Estados Unidos, afirma que, desde meados dos anos 2000, 80% das músicas feitas no país eram "independentes", e não seria surpresa se no Brasil esse número fosse ainda maior.[13] A pesquisa da Fundação Carlos Alberto Vanzolini pode ser considerada uma primeira tentativa de incluir informações referentes aos *autoprodutores* de maneira mais consistente, em um estudo sobre a indústria da música do país como um todo. Não à toa, visto que estamos falando de um segmento que movimenta milhões de reais todos os anos, gerando emprego e renda. É natural que haja cada vez mais esforços no sentido de compreender melhor o cenário macroeconômico e todos os agentes envolvidos. Ainda faltam ferramentas e organizações capazes de mensurar e estudar mais a fundo este mercado. Essa pesquisa já demonstra, em sua conclusão, uma preocupação em ampliar as fontes futuramente principalmente por considerar somente uma região do país.

Marcelo Castello Branco, ex-presidente das *majors* Universal e EMI no Brasil, afirmou, em meados dos anos 2000, que o pior momento para a indústria já havia passado, e as grandes gravadoras buscavam novos modelos para a música apostando novamente em lançamentos brasileiros e na venda digital.[14 e 15] Há uma mudança de postura por parte das *majors*, alterando o teor do discurso. Se a principal queixa em inúmeras entrevistas e dados oficiais era de que o mercado musical estava em franca decadência e que, se não fossem tomadas medidas efetivas contra a pirataria, a indústria seria extinta, após os resultados promovidos pela consolidação do mercado digital o papo mudou.[16] Corroborando o que representava, de fato, uma estratégia de proteção de seu mercado, uma matéria publicada no jornal *Folha de S.Paulo*, em 2007, um dos veículos de maior circulação no país, esta atitude, classificada como "*marketing* do medo", era uma simples ineficiência e falta de competitividade perante às mudanças do mercado provocadas pelas novas tecnologias, sendo uma estratégia para manter o monopólio do mercado nacional, estipulando o rótulo de crise na primeira década do século XXI.[17] No momento em que o mercado digital se estabeleceu e que as *majors* parecem ter encontrado um caminho para conciliar a música digital e a proteção dos direitos de seus titulares, esse *marketing* do medo também perdeu o sentido e foi esvaziado.

O mesmo Marcelo Castello Branco, que depois migrou para a área digital como consultor, mantendo relação com as *majors*, em uma entrevista publicada no Jornal O Globo, do Rio de Janeiro, em 2015, fala sobre autogestão, cultura participativa por parte dos consumidores, relações comerciais e *streaming*.[18] Ainda que traga uma visão um tanto quanto pessimista e reduzida da importância econômica de *indies* e *autoprodutores*, passados quase dez anos de seu ponto de vista como presidente da EMI, ele próprio considera, nas entrelinhas, que a *reconfiguração* da indústria cultural instiga os seus agentes a refletirem e agirem a partir dos consumidores e não para eles, baseados principalmente no *streaming*, e que todos deveriam ter discussões práticas para que sejam "dignamente remunerados".

Dentro desse mercado digital, Leonardo de Marchi detectou, em um de seus estudos, três tipos principais de empresas eletrônicas. Seriam elas os Grandes Intermediários (administram o catálogo de *majors* e *indies* negociando com consumidores primários, como empresas de telefonia celular e portais, e finais), Pequenos e Médios Intermediários (trabalham com *indies* e *autoprodutores* funcionando como aglutinadores de artistas) e Artistas Autônomos (desenvolvem seus próprios canais de acesso ao seu público). Baseado em uma pesquisa de 150 páginas na internet relacionadas à música, mais da metade correspondiam a artistas sem qualquer contrato com gravadoras.[19] São duas as questões principais que podemos interpretar dessa pesquisa. A primeira é que, de fato, as *majors* conseguiram se estabelecer no mercado digital, adaptando alguns de seus parâmetros para a nova realidade como demanda um mercado inserido em uma cultura de convergência. Outro ponto é a possibilidade clara de reduzir os intermediários, que passou a ocorrer, não só no comércio digital, mas em quase todos os setores da produção musical, coincidindo com vários dos dados e discussões apontados até aqui.

Não se pode ignorar dados e fatos, e que as *majors* não preencheram todas as lacunas digitais e os novos espaços da indústria da música, isso é um fato. Mesmo que ainda não se tenha uma quantificação exata e cifras precisas dessas distensões, ainda que as grandes gravadoras tenham se recuperado e mantêm boa parte do mercado sob seu controle, vários estudos já indicam e demonstram o que vemos na prática: surgiram outras estruturas de produção competitivas e que sobrevivem economicamente dentro da indústria. Esse é outro fato. O que muda, talvez, seja o conceito de sucesso para cada uma dessas estruturas. Logicamente que para manter uma corporação de entretenimento dentro de uma lógica capitalista selvagem, a arrecadação necessária é uma e, consequentemente, o seu sucesso deve ser compatível com ela. Agora, para um *autoprodutor* se manter na mesma selva de forma competitiva, a necessidade dessa arrecadação é obviamente muito menor porque sua estrutura também é e, nesse cenário em *reconfiguração*, as duas situações ocorrem em grande e pequena escala. E isso não quer dizer que esse *autoprodutor* não tenha ambições de atingir um grande público. Na prática ele já circula no mercado (restrito ou não) e mantém uma cadeia produtiva girando a seu redor.

Por essa razão, insisto que a *reconfiguração* nos permite ter uma visão mais real pois aponta para uma disputa natural de ocupação dos espaços criados, ao invés da tragédia anunciada da indústria através do *marketing* do medo. Não há mocinhos e bandidos, mas, sim, as diferentes estruturas de produção trabalhando em prol dos seus interesses e buscando se firmar perante o público e o mercado.[20]

Nesse sentido, o Ministério da Cultura traçou uma série de estratégias, medidas e diretrizes para o setor musical e para a cultura em geral, a partir de 2005. Entre as principais, podemos citar o Plano Nacional de Cultura,* PEC da Música,** Revisão dos Direitos Autorais*** e Reforma na Lei Rouanet.**** Muitos desses projetos de lei surgiram dos debates travados no Colegiado Setorial de Música. A PEC da Música virou realidade em 2013 e a revisão na lei de direitos autorais se desmembrou em vários capítulos. Um deles foi retomar a fiscalização do ECAD por parte do poder público, o que ocorreu em 2015. Segmentos e instituições, que atuam no cenário musical do país, se articularam para participar ativamente desses debates. A Rede Música Brasil, criada pelo próprio Ministério da Cultura, foi uma tentativa de agregar todos os agentes da indústria da música em torno de um debate comum, visando medir de forma concreta a importância do setor na economia brasileira e adotar políticas públicas para que "todos os profissionais ligados à música possam exercer suas funções dignamente".[21] Participaram dessa rede a ABPD, ABMI, o Fórum Nacional de Música, cooperativas de músicos, além de sindicatos e outras instâncias da sociedade e demais associações de produtores de festivais e canais de circulação. Muitos deles também participavam paralelamente do Colegiado Setorial de Música, que representava a instância de interlocução oficial com o governo. De uma forma ou de outra, a agenda política era clara: discutir o cenário da indústria da música no intuito de corrigir distorções e, para isso, todos estavam sentados à mesa, o que foi algo inédito na música no Brasil.

---

* Segundo o Ministério da Cultura, o Plano Nacional de Cultura tem uma função sistêmica, com intuito de ser uma política estatal, independente do governo, e que "terá duração de dez anos e deverá ser regido, entre outros, pelos princípios de diversidade cultural, respeito aos direitos humanos, responsabilidade socioambiental e valorização da cultura como vetor do desenvolvimento sustentável" MINC (2010).

** Proposta de Emenda Constitucional que confere imunidade tributária a fonogramas e videofonogramas brasileiros. MINC (2010).

*** Proposta para alterar a Lei de Direito Autoral (Lei no 9.610/98) em vigor, com o intuito de adequar as leis brasileiras à realidade atual. MINC (2010).

**** Reformula a Lei de Incentivo à Cultura ou Lei Rouanet, ampliando sua atuação, fortalecendo o Fundo Nacional de Cultura entre outras ações. MINC (2010).

Muitas pesquisas dentro da literatura acadêmica brasileira já inserem os *auto-produtores* direta ou indiretamente, mais como uma constatação do que dados concretos e números. E essa foi uma das razões que motivou o governo a se preocupar com a indústria da música e inserir todos os agentes possíveis nas discussões políticas. Afinal de contas, a música é um dos segmentos que mais movimenta recursos dentro da indústria cultural, e esta, por sua vez, representa uma parte importante da economia do país. Este novo elemento dentro do chamado "setor independente" na música, as produções autônomas ou *autoprodutores* convergem em uma série de artistas, cantautores e grupos que assumiram em sua atuação o discurso e a atitude de realizar o seu trabalho por conta própria.[22] Por essa razão é que não existe mais uma diferenciação utópica entre "independentes e *mainstream*", mas, sim, uma indústria que ainda está se acomodando ao furacão da *revolução digital*.[23]

O que considero como *pequenas indústrias*, um dos pontos que merecem ainda mais estudos, são essas milhares de indústrias paralelas que surgiram no Brasil em meados dos anos 1990, mas, principalmente, após a virada do milênio, e possuem uma estrutura complexa de relações comerciais e se sustentam, perante um público considerável, de maneira paralela ao sistema empresarial das *majors*. Não que essas iniciativas não sejam empresariais e estejam fora da indústria da música. Muito pelo contrário. Elas são muito bem organizadas e são um reflexo da expansão da indústria da música. Como vimos ao longo das discussões, várias estratégias de *indies* e *autoprodutores* se desenvolveram tanto que configuram uma alternativa concreta ao modelo das *majors*, algumas dentro de uma perspectiva contra-industrial. Estratégias de distribuição de fonogramas, por exemplo, têm obtido um êxito considerável apostando na diversificação de ofertas musicais desenvolvendo um mercado de "nichos" ao invés de "massa", um dos aspectos da teoria chamada de Cauda Longa,* que ocorre nessas *pequenas indústrias*.[24] E esse talvez seja o ponto chave que diferencie as *majors* das demais: elas estão interessadas em um mercado de massa, compatível com o sucesso necessário para sua estrutura. As outras apostam, em sua maioria, no mercado de nichos que passou a ser cada vez mais atrativo dentro da cultura participativa, relativizando, na prática, o tamanho desse sucesso. Resumindo: seria possível termos diversos produtos musicais de *indies* e *autoprodutores* que têm na variedade de produtos sua representatividade, mais do que na vendagem individual em si.

---

* Termo que vem da Estatística, que identifica distribuições de dados nas quais o volume é classificado de forma decrescente. Quando comparada a uma distribuição normal, a cauda longa apresenta uma quantidade maior de dados. Adaptando para o varejo, Chris Anderson colocou como a possibilidade de se vender vários e vários itens em pequenas quantidades ao invés de vender poucos itens de forma massiva. Ver mais em *A cauda longa: do mercado de massa para o mercado de nicho* (ANDRESON, 2006).

O cenário do Tecnobrega, no Pará, talvez seja o maior exemplo dessas *pequenas indústrias* no Brasil.[25] O cantautor (ou bandas e grupos) chega a um grande público de maneira muito mais direta, contando, quase que exclusivamente, com os DJs de aparelhagem para divulgação e os vendedores de rua para a comercialização de suas obras. A banda Calypso pode ser apontada como o principal expoente do gênero e os pioneiros desse cenário, inventando uma nova forma de gravar e distribuir suas músicas. Com uma proposta musical extravagante, a dupla Joelma e Chimbinha cativou o público com seus *shows* dançantes. Criaram seu próprio selo e começaram a distribuir seus discos em redes de supermercados populares, a preços mais baixos do que as grandes lojas vendiam qualquer disco.[26]

O advogado, professor e pesquisador Ronaldo Lemos, ligado ao *Creative Commons* no Brasil e um dos fundadores do Centro de Tecnologia e Sociedade da Fundação Getúlio Vargas, juntamente com a jornalista Oona Castro e outros colaboradores, estudaram a fundo a complexa estrutura criada em torno do Tecnobrega. De acordo com seus levantamentos, o mercado se movimenta, principalmente, através das festas, *shows*, vendas de rua e as aparelhagens, funcionando em torno do seguinte ciclo: 1) os artistas gravam em estúdios – próprios ou de terceiros; 2) as melhores produções são levadas a reprodutores de larga escala e camelôs; 3) ambulantes vendem os CDs a preços compatíveis com a realidade local e os divulgam; 4) DJs tocam nas festas; 5) artistas são contratados para *shows*; 6) nos *shows*, CDs e DVDs são gravados e vendidos; 7) bandas, músicas e aparelhagens fazem sucesso e realimentam o ciclo.[27] Naturalmente, este ciclo está apresentado de maneira simplificada, mas é suficiente para termos uma ideia de como uma estrutura complexa se inseriu no mercado estabelecendo uma pequena indústria. Posteriormente, a banda Calypso atingiu um público de massa e se manteve na grande mídia por um tempo, mas, assim como o Tecnobrega, outras *pequenas indústrias* se estruturaram e se mantêm na indústria da música sem necessariamente estarem vinculadas nem a *majors* e nem a *indies*.

O Tecnobrega se baseia, entre outras coisas, em negócios abertos, ou seja, que envolvem a criação e disseminação de obras artísticas e intelectuais administradas de maneira flexível ou, até mesmo, sem a questão dos direitos autorais. As *majors*, por outro lado, apostam no controle total desses direitos e possuem contrato com os artistas para a produção musical do trabalho e, paralelamente, fazem outros contratos de caráter editorial em troca de administrar a obra. Por este serviço, as editoras também ficam com uma parte dos direitos autorais que, geralmente, é em torno de 25% do que é arrecadado como tal. Por esse motivo, muitas vezes as grandes gravadoras acabam forçando os artistas a firmarem contratos de edição de suas obras como já foi relatado por vários deles, pois este é um dos pilares de seu modelo de negócios.

Muitas das *indies*, mesmo que de maneira mais flexível, acabam reproduzindo essa prática. O Tecnobrega caminha no sentido oposto, pois compreende que sua principal fonte de renda não está nos direitos autorais, mas sim nas festas e *shows* e, também, na venda dos discos a preços baixos. O gênero apostou tanto na fusão da música eletrônica com o brega tradicional quanto no acesso a mecanismos de replicação de CDs, difusão e promoção de música. Os vendedores ambulantes, ao contrário do que se poderia imaginar, passaram a ser um dos principais aliados nesse processo, constituindo-se no principal local para a venda desses discos na capital, Belém. Acabou se formando uma teia complexa que envolve, além dos camelôs, os DJs e os próprios artistas que são quem produz o conteúdo. Em outras palavras, o próprio cantautor participa ativamente de uma indústria (*autoprodutores*) que envolve renda e emprego, movimentando uma cadeia complexa de entretenimento local no Pará. Por ser em sua grande maioria de caráter informal, essas informações ainda não estão inseridas na maioria das estatísticas do setor musical, mas, juntamente com outras iniciativas similares, constituem um ponto importante que merece ser investigado mais a fundo.

Outro exemplo de pequena indústria é o Forró Eletrônico.* Baseado na figura do jovem, constitui a síntese do que alguns pesquisadores chamam de um "novo *mainstream*, não mais vinculado aos corredores das multinacionais do disco, nem aos grandes conglomerados de mídia nacionais e internacionais".[28] Ainda nos anos 1990, o empresário Emanoel Gurgel organizou uma banda e conseguiu inaugurar uma rádio via satélite que se espalhou por várias cidades do nordeste brasileiro. Esta rádio, a Somzoom, depois também atuaria como uma gravadora. Através da emissora, que seria somente uma geradora de conteúdos para suas afiliadas, era articulada a divulgação das bandas e isso promovia a própria rádio. Em 2008, as bandas constituíam uma propriedade desses empresários que se especializaram neste gênero específico, organizando toda a estrutura comercial de agenda de *shows*, gravações e entrevistas. Se nesse caso não era o artista o empreendedor, os empresários prospectaram um nicho de mercado e desenvolveram sua pequena indústria sem depender de uma *major*. Com o tempo, passaram a atuar como uma *indie* de médio porte apostando na performance de suas bandas nas festas

---

* O Forró Eletrônico é uma variação moderna do tradicional Forró que utiliza elementos eletrônicos em sua execução, como o teclado, o contrabaixo e a guitarra elétrica junto com instrumentos tradicionais do gênero, como acordeom, triângulo e zabumba.

e *shows* como o grande atrativo para o seu público, predominantemente jovem. Além disso, há uma atuação consciente desses empresários para se chegar a uma "fórmula de sucesso" que combina festa, amor e sexo como receita para se vender um produto específico para um público específico, explorando comercialmente esse mercado.[29] Mesmo que se possa questionar uma série de coisas na atuação desses empresários, o fato inegável é o estabelecimento de uma pequena indústria que movimenta não só artistas, mas vários agentes do setor musical, gerando renda e emprego.

Um último exemplo, em escala ainda menor, é o projeto PrasBandas, em Curitiba. Com o intuito de descentralizar as produções culturais na cidade, o produtor musical Getúlio Guerra começou a organizar, em 2005, pequenos eventos em bairros periféricos da capital paranaense, que contaram com bandas de *rock* e outros gêneros. Neste caso, o discurso era ser uma alternativa à própria cena curitibana, que acontecia nas regiões mais centrais da cidade. É uma proposta "à margem da margem", uma vez que a cena que ocorria no centro também não estava vinculada a nenhuma gravadora e, ainda por cima, afastada dos tradicionais polos culturais do país como São Paulo, Rio de Janeiro, Belo Horizonte, Recife e Porto Alegre. Enquanto os artistas de Curitiba tentavam se afirmar perante as outras capitais, internamente também existia esse movimento já com um discurso próprio e distinto da "cena principal". Algumas bandas dos bairros conseguiram romper a barreira e também começaram a se apresentar em bares mais centrais. O PrasBandas focava, realmente, no bairro e na vida particular de cada região da cidade, divulgando seus eventos para os próprios moradores, nos supermercados, vendas e outros locais de grande circulação. E esse era justamente o diferencial, movimentando uma cadeia de várias bandas e agentes considerados periféricos. Em 2008, o projeto fez uma parceria com uma rádio comunitária do bairro Sítio Cercado e, juntos, realizaram uma seleção para que as bandas fossem à rádio apresentar o seu trabalho durante uma hora.

Estes são apenas três exemplos no cenário musical brasileiro, que difunde a música em um público específico (nicho), através das estruturas de produção *indies* e *autoprodutores* de maneira consolidada e mercadologicamente estáveis, estando ou não preocupadas em criar um novo gênero. Somando ainda com a Banda Mais Bonita da Cidade, Móveis Coloniais de Acaju e tantos outros, percebemos que as relações sociais e empresariais estabelecidas nessas *pequenas indústrias* são um objeto de estudo à parte, mas sem dúvida contam com a participação mais ativa e consciente dos agentes envolvidos (em especial, os cantautores) o que não seria possível antes da *revolução digital* pelas razões já expostas. A transformação desses novos *mainstreans* em indústrias paralelas completamente autônomas, é um forte indício da *reconfiguração* sistêmica do setor musical brasileiro. A cada nova ferramenta, novo *software*, nova página de internet, se abrem mercados que estão sendo ocupados, aos poucos, pelos agentes já estabelecidos na indústria da música e, ao mesmo tempo, por novos atores ou por outros antes limitados a uma função específica, que agora se amplia.

Em um cenário em *reconfiguração*, imerso em uma convergência de mídias e suportes, novos e velhos atores colidem e este fenômeno pode ser descrito como um "fluxo de conteúdos através de múltiplos suportes midiáticos à cooperação entre múltiplos mercados midiáticos e ao comportamento migratório dos públicos dos meios de comunicação, que vão a quase qualquer parte em busca da experiência de entretenimento que desejam".[30] Não se pode mais descartar nenhuma alternativa e possibilidade dentro da indústria da música. A grande mídia, por exemplo, se dividiu em milhares de "pequenas mídias" que, assim como as *pequenas indústrias*, coexistem com os padrões de mídia e consumo mais antigos e estabelecidos como o rádio, a televisão e as *majors*. É claro que os meios antigos tentam se adequar à nova realidade para se manter no mercado. Até mesmo a Igreja Católica do século XXI cogita rever alguns de seus dogmas seculares e tolerar práticas extremamente comuns na sociedade, mas que vão fortemente contra os seus próprio preceitos, no intuito de se modernizar e se aproximar do público participativo da convergência. Da mesma forma que milhares de *blogs* de música pipocaram e cativam mais e mais pessoas, adolescentes e também o público adulto. O bom e velho jornal continua firme e forte e até possui conteúdos exclusivos para assinantes na internet. É óbvio, também, que cada um dos velhos meios perdeu espaço para os novos e que estes são muito variados e muitas vezes diluídos. Mas não está em questão a qualidade dos meios e nem das experiências de entretenimento, mas sim a simples constatação de que há uma convergência real entre novas e velhas práticas e que, de modo geral, os públicos se misturam e consomem música por todos os lados. Uma mesma pessoa circula por vários nichos diferentes, e não apenas em um. Existe um público mais fiel de cada mídia, cada suporte ou gênero, mas também há muitas pessoas que circulam por ambientes distintos passando várias vezes por catracas diferentes, girando mais de um relógio que "contabiliza" essa pessoa diversas vezes em mídias distintas. Isso torna qualquer tipo de previsão muito difícil, e só nos resta ficar atentos e preparados para o máximo de situações possíveis. O público específico de um artista pode ser do outro também, que se junta com metade do outro e forma um nicho diferente, que se mistura com um terço de mais um outro e assim por diante. Entender e estar inserido na cultura participativa e transmidiática se tornou o grande desafio das três estruturas de produção que atuam na indústria da música. Cabe aos marujos estarem firmes no leme e não somente olharem fixos no horizonte, mas também estarem atentos às suas costas, pois novos caminhos podem surgir inesperadamente por todos os lados.

... AL FINE
TERRA À VISTA! TERRA À VISTA?

NÃO HÁ DÚVIDAS que os desenvolvimentos tecnológicos alteraram o panorama do cenário musical brasileiro, especialmente no final do século XX. As investigações a cerca dos novos agentes sociais e as transformações pelas quais passaram quem já estava no barco, contudo, talvez ainda não estejam suficientemente claras para termos uma noção real sobre a indústria da música no processo de *reconfiguração*. As mudanças ocorreram de maneira generalizada em vários segmentos e de maneira muito acelerada, atingindo desde as multinacionais e toda sua estrutura empresarial até o cantautor.

A redução dos intermediários é uma das principais consequências da avalanche tecnológica. A possibilidade de ter menos pessoas envolvidas, ao mesmo tempo que exigiu mais do artista, também forneceu a ele um controle maior de sua carreira. Se por um lado ele se viu obrigado a arregaçar as mangas e partir para a linha de frente em todos os sentidos, por outro ele também passa a ter condições de gerenciar uma equipe, montar um método de trabalho próprio e direcionar para onde vai o seu barco sem ter um capitão dizendo a hora de remar mais rápido, alçar a vela ou retirar a água do convés. O aparente comodismo de não se importar com tantos detalhes e nem conhecer as condições climáticas, saber a direção dos ventos e a profundidade das águas muitas vezes gerava conflitos sérios na hora de decidir em que direção navegar. Há vários casos que essa relação era harmoniosa e o cantautor aceitava passivamente esses direcionamentos. Mas há uma série de exemplos, desde antes do estabelecimento do *star system*, em que se buscava não só mais liberdade artística, mas também empresarial. Basta assistir a um ou dois documentários ou ler algumas biografias de ícones musicais do século XX para perceber algumas dessas situações. Não convém julgar, porém, as relações harmoniosas ou submissas com *majors* e empresários ou até com algumas *indies*. Essas relações existem e tendem a permanecer. O fato mais relevante é notar que, nos casos onde havia conflitos, após a *revolução digital*, haveria uma alternativa viável que o cantautor poderia seguir se quisesse. Assim como as mídias, as diferentes estruturas de produção na música (novas e velhas) também tendem a coexistir e, eventualmente, entrar em rota de colisão em uma perspectiva de convergência, e não um modelo substituir o outro completamente.

O fato do cantautor ter um papel mais proeminente no mercado fez com que ele protagonizasse um modelo de negócios viável e à parte dos anteriormente estabelecidos (*majors* e *indies*), como foi demonstrado. Considero como um modelo de negócios e não um movimento artístico, já que os envolvidos não compartilham, necessariamente, uma estética única ou uma crítica política, e nem têm um discurso em torno da arte propriamente dita. Ou melhor, individualmente é natural que tenham sua abordagem artística, porém não é isso que os une e nem o que os define como *autoprodutores*. É bom que se deixe clara essa diferença. Eles se aproximam por sua atuação autônoma na indústria da música e, por isso, está em questão a sua atitude no mercado e não uma discussão estética que seria característica própria dos movimentos.

Nesse sentido, a atuação dos *autoprodutores* pode ser comprada com a dos profissionais autônomos de outras áreas em um contexto de empreendedorismo. À medida que se opta por esse caminho, há uma série de escolhas que vêm junto com o pacote comprado. Estrutura profissional, postura, estratégias, produtos derivados e uma marca a zelar. Há uma certa resistência de encarar um trabalho artístico por essa perspectiva e de fato, muitas vezes, essa atuação se torna mesmo incompatível. O público não quer ver o empresário ou o empreendedor no palco, e, sim, o artista. "Preciso fazer música, não sei e não tenho tempo de lidar com o resto". Isso seria tão bom quanto ingênuo. Não há mais espaço no mercado para o artista por si só, que possa se dar "ao luxo" de se preocupar somente com a criação. No mínimo, é cada vez menor o número de compositores, intérpretes e músicos que conseguem se estabelecer em um patamar considerável dentro do mercado, que conseguem viver de seu trabalho e, ao mesmo tempo, terem toda uma estrutura empresarial, realizando "espontaneamente" todas as tarefas empresariais e mercadológicas, de uma forma que atenda as suas demandas. Infelizmente para alguns e felizmente para outros, esse é o cenário mais plausível da indústria da música em processo de *reconfiguração*. Assim como seria praticamente inconcebível que um médico, em início de carreira, abra seu próprio consultório e já esteja no topo da carreira, com mais de dez funcionários cuidando harmoniosamente de seus negócios, enquanto ele atende apenas os pacientes. Por mais que essa possa ser a situação ideal para alguns, não é o que acontece para a grande maioria dos profissionais autônomos em qualquer setor. Esta seria, na realidade, a exceção, pois a regra é aquele médico que iniciou com vários plantões durante madrugadas a fio, investiu, se capitalizou e conseguiu abrir seu consultório. E, ainda no início, se viu obrigado a gerenciar, contratar funcionários, estabelecer parcerias e contratos com os convênios para, anos mais tarde, chegar a um estágio de maior conforto e ter sua "fábrica" funcionando bem ao seu redor.

Colocando dessa forma, talvez pareça uma realidade um pouco dura ou, ainda, que o encanto sobre o fazer artístico tenha se perdido. Mas, comparando com outras profissões, não consigo ver a música na sociedade contemporânea muito diferente. Parece-me um certo romantismo que faz parte da realidade de poucos, e não da maioria. E como os autônomos no campo da música são muito mais recentes que em outras profissões, é natural que leve um tempo até que os agentes e o próprio mercado se acostumem e aceitem essa outra forma de trabalho. O desafio particular é, justamente, saber deixar o empresário do lado de fora do palco, assim como um médico não pode se preocupar com contas a pagar na hora de uma cirurgia. São dilemas e contradições inerentes ao empreendedorismo musical, porém, graças a essas possibilidades, diversos cantautores puderam dar vazão a seus trabalhos após a virada do milênio.

Apesar da recente autonomia, a figura do compositor é bastante antiga. Ele surge na música em meio a uma outra transformação desencadeada por uma tecnologia. A escrita musical, que surgiu nos séculos XII e XIII, permitiu que houvesse a separação entre composição e execução musical. Antes disso, basicamente quem compunha era quem executava as canções. Talvez por essa razão o termo "cantautor" esteja mais presente na Europa do que na América. Com a escrita e o código musical (a notação) se tornou possível compor diretamente sobre o papel e transmitir esse conhecimento de uma forma mais eficiente e atemporal para que outros músicos executassem a obra em um outro momento. Além de Simon Frith, o francês François Delalande, um importante pesquisador no campo da Teoria Musical, Semiótica e Análises da Escuta, também aborda a questão do surgimento do compositor em meio a uma nova técnica ou tecnologia (a escrita), que interferia diretamente no desenvolvimento da música.[1]

Estabelecendo um paralelo entre a escrita musical e a *revolução digital*, juntamente com os suportes digitais, podemos colocar novamente o compositor como um fator substancialmente atingido. A utilização da escrita musical significou uma revolução tecnológica para a música da época, na qual os compositores tinham a possibilidade de registrar a composição em algum suporte e compor diretamente em um papel, ou uma placa. Com a *revolução digital*, há uma mudança tão drástica quanto essa, porém com consequências inversas. Nos anos 1990, surge um "novo compositor", que passou a poder atuar de forma profissional como autônomo. Se a escrita musical desvincula o ato de compor da execução, a *revolução digital* inverte essa lógica e permite o reencontro dessas duas ações na figura do cantautor moderno. Casos como de Chico Buarque e Caetano Veloso são exemplos do cantautor inserido na lógica industrial, com uma função clara e delimitada no sistema empresarial do setor. Ocorreu uma reestruturação social desse agente pois, enquanto ele adquiria maior poder de decisão sobre seu trabalho, paralelamente sua *performance* também se valorizava. O *show* passou a ser o principal produto para muitos artistas, assim como era antes da escrita e também antes da consolidação do sistema industrial na música. Mas claro, são décadas e séculos de distância, outro contexto e, obviamente, não é exatamente a mesma coisa. Mas o fato da *performance* voltar a ser valorizada representa um resgate e um reencontro do compositor e do músico executante, sintetizado neste cantautor. E como não poderia deixar de fazer referência à convergência, os instrumentistas clássicos continuam tendo seu espaço, os intérpretes, empresários e produtores e esses agentes coexistem na indústria da música, pois não houve uma completa substituição de um pelo outro. Surgiram espaços e algumas figuras se reposicionaram na cadeia produtiva, a exemplo do milho, feijão, ervilha e do arroz quando sacudimos a bandeja.

Desenvolve-se, portanto, uma nova faceta do compositor, que passa a ser mais ativo na produção e até no mercado musical, executando suas próprias músicas e gerenciando sua carreira. As etapas da produção musical não estão mais cristalizadas em setores e funcionários especializados em uma única função. A crítica do filme *Tempos modernos* é o ponto chave da quebra desse processo. O cantautor acabou fugindo do protocolo industrial que estava estabelecido na música. A lógica de se produzir em série não era mais uma obrigatoriedade como antes, e a maneira contra-industrial de produção se tornou uma estrutura viável em duas décadas, deixando para trás os rótulos de amador, inacabado, esporádico e qualquer outro que depreciava sua atuação. E, dentro dessa perspectiva, é possível pensar em outros conceitos de sucesso também, na qual a quantidade de discos vendidos não representa mais o único termômetro. Há casos de sucesso distintos entre *indies*, *majors* e *autoprodutores*, desde os midiáticos (que inclusive não vendem mais tantos discos como antes), grupos com carreiras internacionais estabelecidas, músicos e instrumentistas reconhecidos e requisitados para diversos *shows* e projetos, além de cantautores que circulam o país com *shows* bem produzidos e uma equipe própria. A diferença é que o sucesso de um talvez não seja o do outro, mas, dentro do seu espaço, há vários tipos diferentes, maiores ou menores. No fundo no fundo, acabou virando um conceito ultrapassado de tão relativizado que ficou.

A forma contra-industrial de se pensar uma carreira musical foi a grande responsável por essa relativização, pois forneceu subsídios para outras maneiras de produção se profissionalizarem perante o mercado. Há artistas *autoprodutores* que fazem uma quantidade maior de *shows* por ano do que outros ligados a *majors* e *indies*, e o contrário continua sendo verdadeiro também. Não se trata de um paradoxo, mas, sim, dinâmicas de um mercado em *reconfiguração*. Por essa razão, a medição do sucesso entrou em desuso ou se mantém no máximo em um nível reduzido dentro de cada nicho, mas não existe mais uma constatação absoluta do que é bem sucedido ou não, como estava estipulado na indústria da música até os anos 1990.

As demais transformações tecnológicas que ocorreram antes dessa década, provocaram mudanças de mercado e formato e, consequentemente, empresariais. Mas, em relação ao compositor, essas alterações provavelmente influenciaram em menor nível. O desenvolvimento da indústria exigiu o estabelecimento de papéis claros entre os agentes da produção musical, enquadrando todos nos preceitos industriais de produção. Se o surgimento das gravações mecânicas permitiu o armazenamento da música em um suporte físico, e logo a organização de uma indústria a seu redor, assim como o advento da gravação elétrica foi um fator determinante para o aprimoramento e ampliação da mesma, a *revolução digital*, que possibilitou o acesso e a difusão de informações de maneira global e rápida, atingiu não somente a indústria de maneira sistêmica, mas também forneceu ferramentas para os seus agentes atuarem de uma forma diferente do que estava estabelecido.

A proposta "não-especialista" ou "generalista" de gestão do negócio musical dos *autoprodutores*, já reconhecida e relatada por diversos compositores e produtores, ampliou a visão de produção autônoma. Se antes alguns pesquisadores consideravam que eram "caracterizadas pela ação de determinados empreendedores que tomam uma iniciativa isolada de produzir discos sem estabelecer um circuito alternativo de produção fonográfica potencialmente utilizável por outros empreendimentos", ficou evidente que essa produção não é mais isolada, ocorre em grande escala pulverizada em cidades como São Paulo, Curitiba, outras capitais e cidades médias Brasil afora.[2] E essa atuação, na maioria das vezes, ocorre em nível nacional e não restrita à sua cidade. Pensando do ponto de vista macroeconômico, seguramente já são responsáveis por uma cadeia que gera milhares de empregos no Brasil e movimentam diversos eventos, projetos, *shows*, espaços, sejam menores, médios ou até de grande porte. Basta analisar alguns dos dados e exemplos disponíveis. Oscilações positivas ou negativas no mercado, de um ano para outro, são comuns, mas como não há ainda pesquisas capazes de mensurar com precisão essa grande cadeia de trabalho, resta-nos as observações práticas confrontadas com os dados que existem. E, com base nisso, podemos concluir que a indústria da música não está em crise e sim em *reconfiguração*, ela expandiu e reposicionou seus agentes que convivem em uma perspectiva de convergência.

Como indústria fonográfica e indústria da música não são a mesma coisa, chegou um ponto que elas se dissociaram mais ainda na evolução mercadológica, ao passo que a primeira, em um primeiro momento, encolheu e a segunda se expandiu. Diferenciando as duas, percebendo que uma está dentro da outra, fica mais fácil compreendermos essa distensão sem possíveis contradições. O ponto nevrálgico são os suportes digitais que foram o estopim para a queda das vendas fonográficas, que já não conseguiam mais dar sustentação à estrutura do monopólio montado pelas *majors*. Estes mesmos suportes tiveram, na *revolução digital* e na cultura da convergência, a base ideal para prosperar as novas estruturas de produção, e cada uma delas foi preenchendo lacunas e ocupando os espaços gerados pelo alargamento da indústria da música. As grandes gravadoras atuam em ambos os lados, mas demoraram um pouco mais a conviver com a convergência das mídias. Por outro lado, *indies* e *autoprodutores* se profissionalizaram rapidamente para fornecer algumas das respostas que o mercado precisava. Após a sacudida dessa bandeja, os agentes e esses modelos de negócio se reposicionaram e estão prospectando seus nichos, elaborando suas estratégias mercadológicas de acordo com o seu sucesso particular.

Por fim, a artista plástica polonesa-brasileira, Fayga Ostrower, traz em seu pensamento que o ato de criar é inerente ao ser humano, que "criar é basicamente formar".[3] Em nossa formação, sempre nos deparamos com situações difíceis que nos exigem a busca por uma solução para sair de uma suposta crise. E uma crise, normalmente, traz uma conotação negativa, de decadência. Porém, se pensarmos por uma perspectiva de *reconfiguração*, podemos entender que se trata de um momento de transformação e reestruturação. Na indústria da música, as estruturas estão se remodelando frente às situações novas que se apresentaram e, ao mesmo tempo, ainda estão sujeitas a outros eventos que podem gerar mais transformações. Dentro de um contexto plural e globalizado, de convergência, hipermídias e distâncias relativas, a grande indústria dá lugar a várias *pequenas indústrias*, que são dinâmicas e que interagem entre si, provocando um rearranjo caótico e vivo, porém criativo e original. Para navegar em águas turbulentas, desconhecidas e com interferências inesperadas, é preciso ser criativo para enfrentar os problemas e transformar as "crises" em soluções inovadoras, olhando em frente sem deixar de carregar seus instrumentos nas costas.

NOTAS "DA CAPO... TRAÇANDO A ROTA"

1 – Não são poucos as dissertações, teses e artigos que trazem informações e dados sobre a queda da venda de discos físicos ou outras abordagens sobre a decadência da estrutura das grandes gravadoras. Porém, poucos se dedicam a uma abordagem mais abrangente levando em conta a indústria da música como um todo e o reposicionamento social dentro dela. Ver dados em HERSCHMANN e KISCHINHEVSKY (2005), VICENTE (2005-2006), DARBILLY (2007), DIAS (1997-2000).

2 – Leonardo De Marchi traz uma abordagem de *reconfiguração* da indústria da música ao invés de crise, o que se torna mais apropriada como veremos nas próximas sessões. DE MARCHI (2006b).

3 – Eduardo Vicente estudou as aplicações de pressupostos teóricos de autores como Adorno e Bourdieu na indústria da música brasileira em um contexto presumidamente ocidental globalizado, demonstrando, entre outros fatores, que a indústria da música da época não considerava o desenvolvimento de novas tecnologias e, principalmente, a fase digital que se encontrava, como uma forma de "democratização" da produção fonográfica. Ao contrário, ela investe justamente no controle que detinha da promoção e distribuição do produto final, terceirizando a produção a selos e produtores ditos independentes. Ele também enfatiza os desenvolvimentos tecnológicos e sua relação com os agentes envolvidos, apontando mudanças sociais em consequência ou paralelas ao surgimento de um novo aparato técnico. Já na época desse estudo, o pesquisador apontava que as tecnologias digitais representavam mudanças tanto na produção musical quanto na distribuição dos produtos, propondo uma pulverização e virtualização da produção musical, principalmente a partir da constituição do protocolo MIDI (Musical Instrument Digital Interface, uma interface digital para instrumentos musicais). Podemos dizer, portanto, que, já na metade dos anos 1990, existia a preocupação, ainda de poucos, de discutir e vislumbrar as profundas transformações que a tecnologia proporcionava à indústria da música estabelecida até então. VICENTE (1996).

4 – O livro *A cultura da convergência*, de Henry Jenkins, já passou por mais de uma edição e foi atualizado pelo próprio autor. A convergência, de fato, é algo dinâmico que se transmuta rapidamente. Mas essa abordagem será retomada mais adiante, pois a coexistência de meios e o choque de novas e velhas mídias é algo que merece mais atenção. Ver mais em JENKINS (2008).

5 – *A moderna tradição brasileira*, de Renato Ortiz, é uma referência quase que obrigatória quando se estuda a internacionalização da cultura brasileira, especialmente na metade do século XX. Ver mais em ORTIZ (1988).

6 – Sobre esse aspecto, Rita Morelli diz o seguinte:

> "O lento processo de construção de uma nação moderna e democrática no Brasil teria feito com que a música popular brasileira continuasse evoluindo dentro da tradição anterior (nacional-popular), vindo a transformar-se somente nos anos 1990, quando a consolidação da democracia e todas as mudanças políticas, econômicas e culturais que a acompanharam tornaram possível a emergência de novos sujeitos sociais no mercado de música." MORELLI (2008), p. 88.

7 – Vários autores comentam sobre a terceirização de pelo menos uma parte da produção musical feita pelas grandes gravadoras. E isso já ocorria desde os anos 1950 nos Estados Unidos. DIAS (1997), FRITH (2006), VICENTE (2006).

8 – Por outro lado, não posso deixar de mencionar também as visões trazidas pela Escola de Frankfurt. As discussões e preocupações levantadas por esses pesquisadores são essenciais quando se fala de indústria cultural ou partes dela em qualquer contexto. No que se refere à música de consumo, Theodor Adorno, um dos principais nomes dessa linha de pensamento, possuía uma divisão clara entre a música "séria" (erudita) em contraponto ao *jazz*, que seria o resultado direto da indústria cultural. A definição deste último termo, inclusive, surgiu de suas pesquisas em conjunto com Max Horkheimer, mais especificamente a *Dialética do esclarecimento*. Os pesquisadores analisam a função e a produção da cultura no capitalismo e sua conversão em mercadoria, estabelecendo que o uso das tecnologias de comunicação pela classe dominante passa a reverter a produção cultural e intelectual estritamente para o mercado. Adorno considera qualquer conciliação com a indústria cultural infrutífera, estabelecendo uma dicotomia entre arte e mercado que não podem coexistir, diferenciando a música do produto comercial, "feito" para a indústria e o consumo em massa. Sendo assim, o *Popular Music Studies* traz uma visão um pouco diferente, pois considera até mesmo o mercado de música de massa como parte do processo social, diluindo um pouco essa possível incompatibilidade entre música e mercado. Ainda que contextualizada em sua época, e, muitas vezes, extremamente atual do ponto de vista dos produtos da grande indústria fonográfica e sua política de controle e monopólio, depois da década de 1990, não podemos deixar de considerar outros aspectos sociais e que a música faz parte da economia capitalista, seja do Brasil ou de qualquer país. E nem por isso ela vai, necessariamente, deixar de ser arte. Ver mais sobre indústria cultural e Escola de Frankfurt em ADORNO e HORKHEIM (1985).

9 – Dois trabalhos importantes de Simon Frith foram especialmente considerados, um deles foi o livro *The sociology of rock* e uma coletânea organizada em conjunto com outros pesquisadores, que será mencionada adiante. De seu artigo nessa coletânea, tiro essa citação que foi deixada na língua original pesquisada, para evitar uma retradução:

> "La cuestión que subyace [la música popular] es de orden metafísico. La música es inmaterial por naturaleza. Puede oírse pero no puede tocarse con las manos. Dura tanto como dura su interpretación. Y no es algo de lo que se pueda ser propietario, al menos en forma directa. ¿Cómo transformar esta experiencia intangible, auditiva y limitada en el tiempo en algo que pueda ser comprado y vendido? Ésta y no otra es la pregunta que ha guiado los destinos de la música popular a lo largo de su historia, desde que los primeros músicos ambulantes cantaban a cambio de un plato de comida caliente." FRITH (2006), p. 53.

10 – Incluo-me em uma abordagem de estudar a interação da indústria e da cultura com seus agentes sociais e transformações ocorridas no setor, assim como Keith Negus, sem uma perspectiva de encontrar culpados. Creio que precisamos estabelecer discussões maduras para nos posicionar efetivamente dentro do mercado, com dados, números e abordagens que corroborem o que queremos dizer. Neste caso, traduzo a citação para deixar mais clara a intenção:

> "(...) rejeito outros modelos dicotômicos na indústria da música, seja das empresas independentes (criativas, artísticas, democráticas) contra as *majors* (comerciais, conservadoras, oligárquicas); indivíduos maquiavélicos (exploradores cínicos) contra músicos esforçados (talentosos e inocentes) (...)". NEGUS (2005), p. 61.

NOTAS "#01 NAVEGANDO PELAS ÁGUAS DA INDÚSTRIA DA MÚSICA NO BRASIL"

1 – Simon Frith, um dos principais pesquisadores na linha do *Popular Music Studies*, fala sobre a indústria da música popular nesta coletânea organizada por ele, Paul Théberge e Will Straw. Neste seu estudo, aborda esta questão da fonte primária do negócio musical. FRITH. In: FRITH (2006).

2 – Informação extraída deste trabalho apresentado no Congresso Brasileiro de Comunicação. SILVA (2001).

3 – Sociólogo e historiador José Roberto Zan, um importante acadêmico da área de música no Brasil, em uma de suas publicações científicas. Segundo ele, de gêneros populares urbanos passam a ser veiculados por quase todo o país, através do Rio de Janeiro, em fins do século XIX e início do século XX. ZAN (2001).

4 – Em outros estudos, Tinhorão aponta a relação entre a música popular urbana e a condição social, mostrando que a característica cultural específica da sociedade brasileira passa por essa relação. Em uma sociedade diversificada, a cultura é representada pela reunião de diversas outras de acordo com a realidade e o grau de informação de cada segmento, evidenciada no Brasil, sobretudo, pela evolução da música popular urbana. De acordo com uma perspectiva um tanto quanto adorniana, Tinhorão demonstra que, em um contexto capitalista, temos uma cultura de classes, a qual é normalmente simplificada em apenas dois planos, o da "cultura das elites" (detentoras do poder político--econômico e dos meios de comunicação) e a "cultura do dominado" (camadas mais baixas sem poder de decisão política). Por sua vez, a cultura dominante no Brasil parece ser muitas vezes também dominada, pois seus principais atores políticos não detêm a capacidade de decisão econômica total, subordinada a uma cultura importada, gerando uma dupla dominação enfrentada pelas camadas mais pobres. Em outras palavras, a grande expressão da real cultura popular do país enfrenta uma concorrência da cultura da elite, que se torna oficial através de universidades, programas, orquestras e financiamento público e, também, da classe média que, como grande consumidora da indústria cultural, se identifica mais com a elite. No caso específico brasileiro, portanto, o "problema da cultura" se torna essencialmente político, pois está submetido a diversos modelos, não somente musicais, de cima para baixo e de fora para dentro, evidenciando uma preocupação com a forte influência da música estrangeira no mercado nacional. TINHORÃO (1997).

NOTAS DOS CAPÍTULOS

5 – Frederico Figner fundou a Casa Edison que, além de comercializar fonógrafos, equipamentos de som, máquinas de escrever, geladeiras, entre outras coisas, se transformou na primeira gravadora do Brasil. Através dessa parceria com a Gramophone de Londres, que enviou um técnico de gravação a pedido de Figner, foram gravados os primeiros discos brasileiros, que eram enviados, posteriormente, à Europa para prensagem. Fonte do Instituto Cravo Albin, que mantém um dicionário de música popular brasileiro inteiramente disponível na internet, com estudos e apoio de diversas universidades. INSTITUTO CULTURAL CRAVO ALBIN (2015).

6 – Em sua dissertação de mestrado para a Fundação Getúlio Vargas, Leonardo Vasconcelos Cavalier Darbilly traz vários dados, e um deles aponta que somente no ano de 1903 foram três mil gravações, deixando o mercado brasileiro atrás, apenas, dos Estados Unidos e Alemanha. DARBILLY (2007).

7 – Leonardo Darbilly diz que o surgimento da gravação elétrica foi um incidente crítico que alterou drasticamente as posições dos agentes no campo da indústria fonográfica, e "uma vez que os recursos que proporcionavam uma posição de destaque aos antigos atores foram desvalorizados em face deste incidente, os atores que detinham novos recursos ganharam poder e passaram a atuar mais intensamente no campo". DARBILLY (2007), p. 55.

8 – Paul Théberge, outro nome fundamental do *Popular Music Studies*, fala sobre a influência direta da tecnologia na música popular citando este estilo suave de cantar (*crooning*), como um exemplo. THÉBERGE. *In*: FRITH (2006), p. 31; THÉBERGE. *In*: FRITH (2006), p. 27.

9 – Em uma monografia para a pós-graduação em MPB pela Faculdade de Artes do Paraná publicada juntamente com Estrela Leminski, estudamos a fundo aspectos históricos dentro da música brasileira que levaram a uma mudança do cenário musical no país. Esta pesquisa virou um livro, chamado *Contra-indústria*. No contexto sobre a História da música brasileira na pesquisa, descobrimos que esse elemento trazido por Noel Rose foi importante para o desenvolvimento de um mercado de massa. LEMINSKI e RUIZ (2006).

10 – Fonte dessa informação, uma dissertação de mestrado para a Universidade Estadual de Campinas (Unicamp). PAIVA (1992).

11 – Informação contida neste trabalho apresentado em um seminário de música na Unicamp cita algumas das vantagens do vinil em relação ao 78RPM. PICCINO (2005).

12 – Eduardo Vicente fez uma série de publicações que contribuíram com as pesquisas em Sociologia Musical. Em seu trabalho de mestrado, faz uma abordagem sobre os registros em estúdio, e estabelece tipos de *performance* dependendo da época e da tecnologia disponível. VICENTE (1996).

13 – Idem à nota 2. SILVA (2001).

14 – Se tentarmos pensar por uma perspectiva histórica, a música popular passou por uma enorme transformação durante o século XX. Não é exagero dizer que, em pouco mais de um século, a música passou a estar presente em todas as partes da vida das pessoas e da sociedade. Temos música nos elevadores, nas propagandas, nos consultórios, nas televisões, nos rádios, nos celulares e dispositivos móveis e fixos, o que nos permite ouvir música como e quando quisermos. Mesmo que mais uma vez pareça algo bastante óbvio, se pararmos pra refletir como todas as transformações que a música sofreu nesse período aconteceram de uma forma extremamente rápida do ponto de vista da história, podemos ter uma noção mais ampla de como a indústria à sua volta e seus agentes mudaram também na mesma velocidade. O fato da música ser um aspecto fundamental na identidade de um povo é praticamente um consenso, mas como ela também participou (e ainda participa) na dinâmica da sociedade contemporânea em paralelo à tecnologia é um assunto interessante que é objeto de diversas outras pesquisas sociais. Vejam a citação a seguir:

> "Aparentemente, a música tem sido sempre muito importante para a construção da identidade coletiva – as comunidades se conhecem e se reconhecem através de seus registros musicais –, e também tem sido manipulada por políticos nacionalistas, seja na forma de hinos nacionais ou na forma de um folclore forçado e artificial que pode ser utilizado para etiquetar os não-nacionais como "os outros", porque não entoam a "nossa" canção. Como reação, a indústria da música comercial converteu a forma em que a música oferece um sentido de pertencimento (e de exclusão) em algo vendável." FRITH. *In*: FRITH (2006).

15 – O historiador Marcos Napolitano traz em seus estudos uma teoria muito interessante sobre a música popular brasileira como instituição, e como a famosa "MPB" faz parte da nossa história e sociedade. Por essa razão, transcende a ser simplesmente um gênero. E o curioso sobre João Gilberto é que realmente, para a época, a sua opção de canto fugia dos padrões, que era uma voz forte com muita potência. O desenvolvimento dos microfones potentes foi um facilitador para a difusão dessa proposta estética, e consequentemente de toda a Bossa Nova. Ver mais em NAPOLITANO (2001).

16 – Informação contida em um livro do biógrafo, jornalista e escritor Ruy Castro sobre a Bossa Nova e a boemia carioca. CASTRO (1990).

17 – Idem à nota 2. SILVA (2001).

18 – Citação adaptada para o contexto gramatical e também do conteúdo, da publicação de Eduardo Vicente para a revista *E-Compós* que reúne trabalhos de pós-graduação em Comunicação. VICENTE (2006), p. 124.

NOTAS DOS CAPÍTULOS

19 – Este livro de Renato Ortiz é muito importante para o tema da indústria cultural no Brasil. Ele retrata o processo de mudança na sociedade brasileira no intuito de se modernizar perante o mundo (mundialização da cultura brasileira) e deixar de lado o viés tradicionalista e rural que tinha. Um dos períodos especialmente considerado nesta abordagem são as décadas de 1960 e 1970, a expansão da indústria cultural no país. ORTIZ (1994).

20 – Leonardo de Marchi faz parte da geração mais nova que também vem contribuindo bastante com o debate das mudanças no cenário musical pós anos 1990. Nesta publicação, na revista *Comunicação, Mídia e Consumo*, ele traz alguns dados sobre essas leis. DE MARCHI (2006b).

21 – Além de Renato Ortiz, a pesquisadora Márcia Tosta Dias também se debruçou sobre o assunto da mundialização da cultura brasileira. Ver mais em ORTIZ (1994), DIAS (2000).

22 – Rita Morelli, outra leitura obrigatória no tema da mundialização da cultura brasileira, trata da modernização do mercado fonográfico nacional dentro dos padrões internacionais. Ver mais em MORELLI (2008).

23 – Márcia Tosta Dias e seu livro *Os donos da voz* também são uma leitura importante sobre o desenvolvimento do setor musical e sua internacionalização. Ela traz dados esclarecedores como esse, revelando a atuação das gravadoras no país. DIAS (2000), p. 74.

24 – Ver citação a seguir:

> "Se nos anos 1960 ocorria uma certa intersecção entre as esferas política e cultural, fazendo com que as diversas manifestações artísticas da época traduzissem as construções simbólicas que orientavam as ações de grupos e organizações políticas de esquerda, nas décadas seguintes aprofundava-se a autonomização do campo cultural. De uma certa forma, isso pode ser um fator da tendência de despolitização da música popular que começava a manifestar- se a partir dos anos 70, associada, certamente, não apenas à autonomização da esfera cultural, mas também ao clima de repressão criado pelo regime ditatorial." ZAN (2001), p. 117.

25 – Informação obtida em uma dissertação de mestrado para a Universidade Anhembi Morumbi. SOUZA (2011).

26 – O modelo de gerenciamento de *acumulação flexível* foi definido por David Harvey no livro *A condição pós-moderna*, citado por Leonardo de Marchi. HARVEY (1989), *apud* DE MARCHI (2006b).

27 – Comparando com a nota anterior, o modelo em rede ou horizontal é uma definição trazida por Márcia Tosta Dias. DIAS (2000).

28 – O controle das *majors* sobre a divulgação e distribuição, além da difusão e produção, são citados por inúmeros pesquisadores e outros dados. Este é somente um deles. DARBILLY (2007).

29 – Neste livro, nós identificamos, entre outras coisas, a proeminência do discurso da Vanguarda Paulista como uma alternativa às produções industriais das *majors*. LEMINSKI e RUIZ (2009).

30 – Sobre o insucesso comercial do Lira Paulistana, ver citação abaixo:

> "Seria fácil atribuir esse aparente fracasso à falta de uma visão mais comercial por parte dos artistas envolvidos no setor, às dificuldades de distribuição e divulgação enfrentadas pelos independentes, ao boicote das grandes companhias etc. Em alguma medida, todos esses fatores provavelmente estiveram presentes. No entanto, eu entendo essa inviabilização de um projeto independente em maior escala muito mais como índice da precariedade do capitalismo nacional como um todo do que enquanto resultado de fatores locais. A espiral inflacionária, o atraso tecnológico da indústria, as constantes mudanças nas regras econômicas e os problemas de fornecimento de matéria- prima, entre outros fatores, tornariam o cenário da segunda metade da década problemático até mesmo para o planejamento das grandes companhias do setor." VICENTE (2006), p. 7.

31 – Finalmente, segundo Rita Morelli, o mercado nacional poderia ser considerado moderno no contexto do *BRock*. Ver mais em MORELLI (2008).

32 – Luiz Carlos Prestes Filho organizou um estudo quantitativo sobre a cadeia produtiva da música, focado mais no Rio de Janeiro, mas que serve como uma referência e uma ideia do que poderia ser em nível nacional. PRESTES FILHO (2005).

33 – Essa segmentação de gêneros aparece neste artigo de José Roberto Zan. ZAN (2001).

34 – Muitos deles, inclusive, são gratuitos, distribuídos pela internet sob a forma de *softwares* livres, que são qualquer programa de computador que possuem uma licença específica para serem usados, copiados, estudados e distribuídos sem restrições, segundo a Free Software Foundation.

35 – Referente ao dado sobre a porcentagem do mercado brasileiro que representava a venda de fitas cassete, mesma referencia da nota 32. PRESTES FILHO (2005).

36 – Referente ao dado, agora, sobre os CDs falsificados. Além dos estudos de Luiz Carlos Prestes Filhos, informações oficiais destas entidades também demonstram estes dados sobre produtos falsificados. ABPD (2005), IFPI (2005), PRESTES FILHO (2005).

37 – Neste trabalho, Eduardo Vicente traz um breve histórico e retrata alguns elementos do chamado "setor independente". VICENTE (2005).

NOTAS DOS CAPÍTULOS

38 – Repare na situação exposta na citação abaixo:

> "É esse o contexto em que uma ressurgida cena independente mostra-se vigorosa o suficiente para substituir a grande indústria nas tarefas de prospecção, formação e gravação de novos artistas. Mas não foram apenas os fatores tecnológicos que propiciaram esse ressurgimento: também dessa vez a crise da indústria teve um papel decisivo: privilegiando desde o final dos anos 80 o sertanejo e a música romântica, além de severamente atingida pela recessão de 1990, a indústria demonstrava agora pouco interesse por segmentos como o rock e a MPB, ou por artistas que não fossem campeões de vendagem." VICENTE (2006), p. 9.

39 – Ver mais sobre este termo e definição neste estudo. No capítulo 2 será abordado com mais detalhes este termo dentro do contexto da estrutura de produção conhecida como *indie*. DE MARCHI (2006b).

40 – Parafraseado em estudo de Eduardo Vicente. CHEDIAK, A. *apud* VICENTE (2006).

41 – Dados de uma matéria publicada na época. Infelizmente, o link não está mais disponível quando da publicação deste livro, mas consta em minha pesquisa de mestrado como fonte e foi replicado aqui. IDG NOW (2010).

42 – Diversos pesquisadores definem *majors* de uma forma bastante similar. Esta foi apenas uma definição encontrada para ilustrar. VICENTE *apud* DARBILLY (2007), p. 66.

43 – Ver citação abaixo:

> "(...) muito mais que empresas nacionais, que não têm vínculo com conglomerados internacionais, as gravadoras independentes se relacionam com a 'cena alternativa'. As *indies* brasileiras produzem artistas que fazem a música para nichos de mercado como o *rap* nacional, música eletrônica, a música brasileira de raiz e a nova música popular brasileira, entre outros." LEAL (2005), p. 5.

44 – O Fórum Nacional da Música é uma entidade não vinculada a nenhum governo e partido. Surgiu da organização dos músicos a partir de 2005, quando o Ministério da Cultura criou as Câmaras Setoriais para discutir com a classe artística suas demandas, a fim de estabelecer novos parâmetros para a produção cultural do país. O Fórum, portanto, foi resultado de uma mobilização de vários estados, que se organizaram para participar da Câmara Setorial de Música, a qual contou também com a participação de outras entidades como a Ordem dos Músicos do Brasil (OMB), ABMI, ABPD, ECAD, entre outras. No capítulo seguinte, retomarei essa discussão um pouco mais a fundo.

NOTAS "#02 – DIRECIONANDO O NAVIO EM MEIO À TORMENTA DA RECONFIGURAÇÃO"

1 – Para se aprofundar nestes dados, é interessante analisar as informações presentes na pesquisa. Ver pesquisa completa em INSTITUTO DE PESQUISA ECONÔMICA E APLICADA (2007).

2 – Uma das conclusões parciais da própria pesquisa. Conferir em INSTITUTO DE PESQUISA ECONÔMICA E APLICADA (2007), p. 86.

3 – Lucas Françolin da Paixão traz uma definição relativamente simples de indústria fonográfica, em sua dissertação de mestrado para o curso de Música da Universidade Federal do Paraná, mas que ajudou nas discussões levantadas neste livro. A partir dela, foi possível estabelecer uma diferença clara entre indústria da música e fonográfica. Ver mais em PAIXÃO (2013).

4 – Idem a nota 41 do Capítulo 1. IDG NOW (2010).

5 – Integrantes do grupo de pesquisadores de Comunicação e Cultura da Universidade Federal do Rio de Janeiro, Micael Herschmann e Marcelo Kischinhevsky publicaram uma série de artigos e estudos mostrando dados e tecendo valiosas contribuições para o debate da crise da indústria fonográfica no Brasil. Estes, que na verdade são informações baseadas nas divulgações da ABPD, é uma delas. Ver mais em HERSCHMANN e KISCHINHEVSKY (2005).

6 – Leonardo de Marchi é um dos pesquisadores a demonstrar esse fato neste artigo. DE MARCHI (2006b).

7 – Conferir a citação abaixo:

> "A indústria fonográfica vem se concentrando nas últimas décadas, num evidente processo de oligopolização, em que os preços de seus produtos sobem de forma continuada. No fim dos anos 90, cinco grandes gravadoras detinham 85,28% do mercado mundial, que totalizou 2,2 bilhões de CDs vendidos em 1997: Universal (23,1%, incluída a PolyGram), Warner (20,68%), Sony Music (15,14%), EMI (14,4%) e Bertelsmann (no Brasil, BMG – 11,96%). Delas, apenas a EMI não fazia parte de algum conglomerado da indústria do entretenimento. Em 2000, as 'cinco irmãs', como são conhecidas, responderam a processo cível, movido por 30 estados americanos, por combinar preços de CDs com redes de varejo, inflando seus ganhos em US$ 480 milhões desde 1997 e encerrando guerras de promoções travadas entre atacadistas." HERSCHMANN e KISCHINHEVSKY (2005), p. 6.

8 – Pesquisa proveniente de sua dissertação de mestrado para a Pontifícia Universidade Católica do Rio de Janeiro. BARROS (2004).

9 – MPEG-1 Layer 3 ou MP3 é um padrão internacional de digitalização de áudio que permite a compressão de sons a até 1/12 do tamanho de outros, como o WAV. A questão do *álbum* não se perdeu com o MP3, ao contrário do que possa parecer. O MP3 se potencializou com a internet, e a grande questão foi sua alta capacidade de compartilhamento, como veremos a seguir. Porém o conceito do *álbum* se mantém como a novidade do artista, que passa a se apoiar no formato MP3 para lançamento de *álbuns* virtuais, por exemplo. Os suportes podem ter mudado, porém o conceito do *álbum* se mantém e se adapta à nova realidade. Observe na sequência duas citações, a primeira sobre o *álbum* e a segunda sobre o MP3:

> "A ideia de álbum remete ao conjunto das canções, da parte gráfica, das letras, da ficha técnica e dos agradecimentos lançados por um determinado intérprete com um título, uma espécie de obra fonográfica. Esse formato, que se difundiu nos anos 1960 junto com o LP e se configurou, por muito tempo, como o principal produto de toda a Indústria fonográfica. A instituição do álbum como o produto fonográfico por natureza influenciou no modo de produção e consumo da canção mediática. Agora não mais se consumia canção em sentido estrito, mas um produto que reunia canções, imagens e palavras sob uma identidade comum." DANTAS (2005), p. 8.

> "(...) começou a ser utilizado em 1992 para gravação de áudio em CD-ROMs, mas foi com a internet que ele ampliou suas possibilidades de uso. Entre as vantagens desse protocolo estão a qualidade sonora ligeiramente inferior a um CD e o fato de não possuir dispositivo de proteção contra cópia. (...) O intercâmbio de arquivos em MP3 no computador exige a instalação de programas que viabilizem e facilitem a transmissão e o *download* do arquivo áudio antes de serem enviados pela internet. Porém, estes programas não foram bem difundidos e sua acessibilidade era difícil. Essas restrições fizeram com que, no , o MP3 fosse utilizado (na *web*) apenas em ambientes acadêmicos, por profissionais de alta tecnologia e por alguns jovens norte-americanos 'aficionados' por informática." SANTINI e LIMA (2005), p. 7.

10 – Neste caso específico, preferi deixar a citação na língua que eu pesquisei, sem mais uma tradução que poderia comprometer o sentido:

> "Cualquier debate sobre el papel que juega la tecnología en la música popular debería partir de una simple premisa: sin la tecnología electrónica, la música popular del siglo XX es absolutamente inconcebible. (...) La tecnología es también un ambiente en el que experimentamos y pensamos la música. Es un conjunto de prácticas que adoptamos a la hora de producir y escuchar los sonidos musicales." THÉBERGE. In FRITH (2008), p. 25.

11 – Discussão abordada em artigo publicado na revista *Horizonte Científico*. SANTOS e BESSA (2008).

12 – Sobre Chiquinha Gonzaga, informação obtida no livro *Choro: do quintal ao municipal*. CAZES (1998).

13 – Sobre a gravadora Chantecler, informação obtida no livro *Enciclopédia das músicas sertanejas*. MUGNAINI (2001).

14 – Sobre as gravadoras Elenco e Forma, informações obtidas nas mesmas referências da nota 16 do Capítulo 1. CASTRO (1990).

15 – Ver citação a seguir:

> "O que mais destaca a atitude autônoma dos anos de 1920 é a ausência do discurso sobre independência fonográfica característica de um contexto posterior àquela data. Tanto Chiquinha quanto Cornélio faziam parte do crescimento do mercado fonográfico brasileiro e – como possivelmente outros empreendedores no resto do país – iniciaram suas próprias companhias. Portanto, não havia um discurso estabelecido sobre produção nacional que marcaria os independentes de décadas posteriores." DE MARCHI (2005), p. 7.

16 – Eduardo Vicente talvez tenha sido um dos únicos pesquisadores a apontar que o aparente fracasso comercial do teatro Lira Paulistana se deveu muito mais a uma conjuntura global desfavorável do que a uma culpa ou inexperiência dos agentes envolvidos. Também compartilho dessa visão e diria, ainda, que foi uma iniciativa que envolveu várias áreas. Não só artistas, mas jornalistas respeitados surgiram desse movimento, cobrindo os *shows* e eventos. Ou seja, não há como negar o sucesso da iniciativa sob vários aspectos. Alguns estudos acabam tratando essa movimentação em torno do teatro como amadora, incipiente e, até mesmo, sem muita reverberação futura, o que não condiz com várias outras informações, constatações e relatos. Ver mais em VICENTE (2006).

17 – Confira na citação a seguir:

> "Em fins da década de 1990, porém, com a reengenharia das grandes gravadoras e a estabilização econômica do país, o setor independente brasileiro começou a apresentar sinais de mudanças. A contínua política de cortes tanto em elenco quanto em equipes de trabalhadores das gravadoras fez com que muitos artistas reconhecidos e profissionais gabaritados migrassem para (ou criassem) novas empresas independentes. Aos poucos, algumas das novas empresas passaram a obter certo sucesso comercial e atenção midiática, fomentando um debate sobre o ressurgimento da produção independente no Brasil. Com efeito, essa impressão ganhou ainda mais força quando se passou a sustentar um discurso crítico sobre as condições do mercado fonográfico brasileiro e a necessidade de se organizar o setor independente." DE MARCHI (2006b), p. 176.

18 – Leonardo de Marchi, neste artigo, trouxe várias contribuições importantes, como por exemplo a definição desta *"Nova Produção Independente"*. Ver mais no artigo em DE MARCHI (2006b).

NOTAS DOS CAPÍTULOS

19 – Em nossas pesquisas, encontramos esse tipo de dado interessante que, desde o início dos anos 2000, já poderíamos notar uma proeminência econômica e mercadológica dos chamados "independentes". Ver mais em LEMINSKI e RUIZ (2006).

20 – Este é um relatório bem completo que sintetiza as discussões realizadas na área da música mediadas pelo Ministério da Cultura. É um documento histórico que revela anos de debates e muitas dessas diretrizes foram ou estão sendo implementadas. Conferir em CÂMARA E CO-LEGIADO SETORIAL DE MÚSICA – RELATÓRIO DE ATIVIDADES (2005-2010).

21 – Sobre esse assunto, ver a citação abaixo. Novamente procurei deixar na língua que pesquisei para evitar perda de sentido com uma segunda tradução:

> "El fonógrafo vino a significar que las actuaciones musicales públicas podían ahora escucharse en ámbito doméstico. El gramófono portátil y el transistor de radio desplazaron la experiencia musical hasta el dormitorio. El walkman de Sony posibilitó que cada individuo confeccionara selecciones musicales para su audición personal incluso en los espacios públicos. En términos generales, el proceso de la industrialización de la música, entendida en sus vertientes tecnológica y económica, describe como la música llego a ser definida como una experiencia de naturaleza esencialmente individual, una experiencia que escogemos por nosotros mismos en el mercado, y como un asunto de nuestra autonomía cultural en la vida diaria. Esta visión de la música como algo que podemos poseer hubiera resultado completamente absurda en el año 1800." FRITH. In: FRITH (2006), p. 55.

22 – Citação completa na coletânea mencionada na nota 1 do Capítulo 1. Conferir em THÉBERGE. *In*: FRITH (2006), p. 48.

23 – Como conclui o pesquisador Otávio Luis Silva Santos em sua dissertação de mestrado. SANTOS (2014), p. 140.

24 – O conceito de indústria cultural, proposto e defendido principalmente por Adorno e Horkheimer antes da metade do século XX (mais precisamente na obra *Dialética do esclarecimento*, de 1947), parecia estar muito bem contextualizado na época. Assim também consideram outros pesquisadores, como Márcia Dias (1997). Apesar das inúmeras críticas e limitações apontadas por diversos estudiosos, principalmente dirigidas à abordagem sociológica da música que tange o pessimismo e o elitismo, Dias não considera que tais colocações debilitem o núcleo de argumentação sobre indústria cultural desses membros da Escola de Frankfurt; ao contrário, defende que esse conceito nunca fez tanto sentido em uma perspectiva de expansão do raio de atuação e influência dos meios de comunicação e mudanças do capitalismo mundial. É algo a ser considerado, pois o contexto em que a Escola de Frankfurt estabeleceu os parâmetros do que é indústria cultural é completamente

diferente no final do século XX, mas talvez ainda possamos encontrar pontos relevantes dessa abordagem, principalmente em se tratando de mídia de massa.

25 – Este é um fato extremamente curioso, pois parece um verdadeiro tiro no pé. Mas faz bastante sentido quando pensamos em uma perspectiva comercial. Um dos primeiros a denunciar esse fato foi o cantor e compositor Lobão, que já estava em atrito com as *majors* por conta da numeração dos discos nas prensagens. Em nossa pesquisa, encontramos um trecho de uma de suas entrevistas, replicado abaixo. Por ela percebe-se que é notória a intenção de redução de custos em uma época de crise fonográfica, e que não havia como prever as transformações que a tecnologia digital iria promover. LEMINSKI e RUIZ (2006), p. 47. Confira o trecho da entrevista:

> "Vou contar uma história. Em 1998, veio a crise. E o que aconteceu? As lojas de departamento compravam em consignação 350 mil discos de Chitãozinho e Chororó, o que acabou com as lojas especializadas em discos. Desses 350 mil, vendiam 50 mil, e 300 mil voltavam para o estoque. Iam pagar um galpão para guardar? Não. Iam para o cais do porto e supostamente passavam um trator em cima. Mas não faziam isso. Vendiam para os camelôs a R$ 0,20. Mas isso foi dar asa à cobra. Os camelôs prosperaram, viraram uma indústria confiável e foram à China. Aí eles não compravam mais a unidade a R$ 0,20. Eles conseguiam a *master* com um *boy* dentro da gravadora e diminuíam os custos de R$ 0,20 para R$ 0,01 ou R$ 0,02 por unidade. Aí as gravadoras se deram mal, porque elas atrofiaram o catálogo, se tornaram dependentes das rádios pelo jabá e perderam a associação com os camelôs, que viraram concorrentes muito mais eficazes que elas." LOBÃO, *apud* TRINDADE (2005), p. 60.

26 – Citação completa no artigo. Conferir em DE MARCHI (2006b), p. 172.

27 – Idem à nota 41 do Capítulo 1. IDG NOW (2010).

28 – Há muito material sobre o *Creative Commons*, principalmente na internet. Esta é uma das pesquisas que aborda o tema de forma resumida. Ver mais em DARBILLY (2007).

29 – Padronização do protocolo da internet através dessa organização europeia. Conferir em CERN (2010).

30 – A cultura da convergência é uma das bases teóricas deste livro. É um *best seller* de Henry Jenkins, que posteriormente publicou outro livro chamado *Cultura da conexão*. Ver mais em JENKINS (2008).

NOTAS "#03 – MARUJOS, ALÇAR AS VELAS MUSICAIS!

1 – Um dos estudos que aponta a perda do controle total das *majors* em relação às mídias, principalmente depois da popularização da internet. Ver citação completa em SOUZA (2011), p. 37.

2 – Exemplo interessante de tentar enquadrar uma experiência musical como uma narrativa transmidiática, e o resultado de como isso incomodou as *majors*. Conferir conteúdo em SOUZA (2011), p. 51.

3 – De acordo com Bandeira (2005), a cadeia de produção musical está dividida em três grandes campos. É interessante observar a configuração que a indústria fonográfica estabelece, formando diversas mediações entre a criação musical propriamente dita e sua recepção. A cadeia de produção de Bandeira demonstra um grande nível de especialização dos integrantes de diferentes áreas profissionais como técnica, administrativa, jurídica e comercial. O trabalho artístico (musical) é parte de um sistema de produção que desempenha apenas um fragmento da cadeia no padrão industrial tradicional, tornando-se dependente de inúmeros processos de áreas externas à música para que o ouvinte possa ter acesso ao produto final. Ver mais em BANDEIRA *apud* PAIXÃO (2013), p. 42.

4 – A questão do termo "contra-indústria" diz respeito ao tipo de processo de produção, que não segue os padrões industriais convencionais. Não significa que seja um protesto ou uma atitude "contra a indústria", da mesma forma que a contracultura não era um movimento contrário à cultura, mas sim representava uma forma libertária de pensamento cultural diferente do padrão vigente. Neste ponto, o mais importante é compreender que o cantautor reposiciona a própria produção, propõe uma outra maneira de se produzir música que não é a forma estabelecida pela indústria, o que configura uma quebra de paradigma. Ver mais em LEMINSKI & RUIZ (2006).

5 – Um dos pesquisadores contemporâneos mais importantes no campo da Música Popular, Roy Shuker fala um pouco sobre o termo "independente" neste livro. SHUKER (1999).

6 – Levantamento publicado pela própria distribuidora em seu *site* em agosto de 2015, além de informações obtidas através de entrevistas individuais. BLOG DA TRATORE (2015).

7 – A gravadora Trama foi objeto de vários estudos em meados dos anos 2000. DARBILLY (2007), DE MARCHI (2006b).

8 – De uma forma um pouco mais concreta, podemos ver o que está na nota anterior. Ver conteúdo da citação em DE MARCHI (2006b), p. 178.

9 – A ABPD publica anualmente levantamentos com base nas pesquisas sobre o mercado internacional da IFPI, mostrando a realidade brasileira. No próximo parágrafo, outro dado obtido deste mesmo estudo, por isso vale como referência esta mesma nota. Ver este relatório em ABPD (2010).

10 – Este se trata de outro estudo. Conferir o outro relatório em ABPD (2015).

11 – Dados retirados de algumas publicações e um evento que participei. 1° ENCONTRO NACIONAL DE MÚSICA INDEPENDENTE (2008), KFOURI (2008).

12 – Pesquisa interessante, até então inédita, que engloba mais estruturas de produção além das *majors*. Imagino que devam existir outras pesquisas semelhantes em curso. Ver mais em FUNDAÇÃO CARLOS ALBERTO VANZOLINI (2012).

13 – Idem a nota 11. 1° ENCONTRO NACIONAL DE MÚSICA INDEPENDENTE (2008), ABMI (2010).

14 – Informações diretamente do *site* da ABMI sobre lançamentos brasileiros, disponíveis à época de minha pesquisa de mestrado replicado aqui. ABMI (2010).

15 – Sobre a venda digital, mesma referência da nota 41 do Capítulo 1. IDG NOW (2010).

16 – Algumas das matérias publicadas na época sobre a crise da indústria fonográfica e o *"marketing* do medo". Páginas ainda ativas à época da publicação deste livro. FOLHA ONLINE (2001), MEIO BIT (2007).

17 – Mais uma matéria, porém esta, infelizmente, o *link* não está mais disponível. Entretanto, foi utilizada em minha pesquisa de mestrado e replicada aqui FALCÃO (2007).

18 – Artigo publicado no Jornal O Globo, do Rio de Janeiro. BRANCO (2015).

19 – Outro estudo de Leonardo de Marchi. Neste, ele aponta empresas que trabalham na internet como possíveis intermediários. Ver mais em DE MARCHI (2014).

20 – Uma outra pesquisa, realizada por Leonardo de Marchi em 2006, já apontava "intensas negociações" entre as diferentes estruturas de produção existentes na indústria da música no Brasil. Desde então, muita água já passou embaixo da ponte, mas essas negociações continuam e tendem a se arrastar por vários anos ainda. Não podemos dizer que a poeira abaixou, e nem se em algum momento ela vai de fato baixar. Com a intensa *reconfiguração* provocada quase que de maneira constante, acredito que o cenário mais plausível seja mesmo de alterações constantes que os agentes terão que se adaptar a cada momento. E em meio a essas mudanças, se firmar nos novos cenários que aparecem. O *download* mal se estabeleceu no mercado digital e muitos agentes e pesquisadores já o apontam como ob-

soleto em detrimento do *streaming*. Portanto, acredito que a tendência seja que a indústria passe a exigir de seus agentes uma visão mais dentro da cultura da convergência do que uma acomodação ou uma estabilização das estruturas. Veja citação abaixo:

> "Sem dúvida, o momento atual ainda é de intensas negociações entre os elementos da cadeia produtiva da indústria fonográfica. No entanto, conforme se expôs ao longo do texto, a emergência da NPI [Nova Produção Independente] é um sinal em si dos efeitos das transformações promovidas pelas novas tecnologias da informação e da comunicação, bem como de uma nova economia do entretenimento atrelada a elas. De fato, os atuais indicativos do mercado brasileiro sugerem fortemente que, salvo em um eventual cenário de aguda recessão, a existência desta rede de produção, que conta com diversas articulações entre independentes, grandes gravadoras e outros agentes, deve ditar o 'futuro' da indústria fonográfica brasileira."
> DE MARCHI (2006b), p. 181.

21 – Definição do próprio Ministério da Cultura sobre o objetivo dos debates. Consulta realizada na época de minha pesquisa de mestrado, replicada aqui. MINC (2010).

22 – Ainda não se falava no termo *autoprodutores*, porém alguns pesquisadores já indicavam a atuação do compositor de maneira autônoma, sendo um indicativo da consolidação desta atuação como um modelo de negócios viável dentro da indústria, como proposto neste livro. Ver mais em DE MARCHI (2005); TROTTA e MONTEIRO (2008); DARBILLY (2007).

23 – Ver citação abaixo:

> "Entre os assombrados e os deslumbrados, no entanto, pode-se identificar um mercado em transformação que permite poucas certezas e quase nenhum tipo de previsão futurística. É fato que uma compreensão mais aprofundada desse universo amplo e complexo não pode mais se associar exclusivamente a uma diferenciação utópica entre independentes e *mainstream*." TROTTA e MONTEIRO (2008), p. 11.

24 – Com sua Teoria da Cauda Longa na música, difundida em várias pesquisas sobre a indústria fonográfica, Chris Anderson publicou um livro gerando muitos debates sobre o tema, no qual ele faz essa diferenciação entre mercado de nicho e de massa. Ver mais em ANDERSON (2006).

25 – Sobre o Tecnobrega do Pará, confira as citações a seguir:

> "O tecnobrega nasceu do brega tradicional, produzido nas décadas de 1970 e 1980, quando se formou o movimento do gênero no Pará. Na década de 1990, incorporando novos elementos à sua tradição, os artistas do estado começaram a produzir novos gêneros musicais, como o bregacalypso, influenciados pelo estilo caribenho. No início dos anos 2000, por volta de 2002, surgiu o tecnobrega." LEMOS (2008), p. 21.

26 – Outra citação deste estudo de Ronaldo Lemos, Oona Castro e demais colaboradores sobre o Tecnobrega:

> "Joelma e Chimbinha [idealizadores do Calypso] inventaram um novo jeito de gravar e distribuir músicas. A dupla, formada pela loira extravagante e um experiente guitarrista, começou a gravar e vender sem apoio de uma gravadora. Criaram seu próprio selo e distribuíram seus CDs para grandes supermercados populares, frequentados por seus fãs. A fórmula inovadora deu certo. Vendidos a preços baixos – entre R$5,00 e R$10,00 – os CDs não pararam nas prateleiras." LEMOS (2008), p. 17.

27 – Ciclo de funcionamento segundo o estudo mencionado na nota anterior. Ver conteúdo em LEMOS (2008), p. 21.

28 – Outro exemplo de pequena indústria, trazida neste artigo. TROTTA e MONTEIRO (2008), p. 8.

29 – Conferir mais sobre o Forró Eletrônico. Ver conteúdo em TROTTA e MONTEIRO (2008), p. 10.

30 – Uma explicação de Henry Jenkins sobre a cultura da convergência e a colisão de velhas e novas mídias. Ver conteúdo em JENKINS (2009), p. 29.

NOTAS DOS CAPÍTULOS

NOTAS "... AL FINE – TERRA À VISTA! TERRA À VISTA?"

1 – Essa é uma comparação muito interessante, pois se trata de um evento externo tecnológico afetando socialmente os agentes envolvidos. Simon Frith trata um pouco disso em seu artigo, mas François Delalande, que trabalha com aspectos da escuta musical, relata esse exemplo nesta coletânea organizada por Heloísa Valente. FRITH *in* FRITH (2006), e também esta citação:

> "Na Idade Média, assim como no século XX, trata-se de uma questão de suporte de memória artificial. Desde a Antiguidade, as melodias eram anotadas, mais ou menos bem ou mal. No século IX, em particular, os monges encarregaram-se de transcrever o repertório gregoriano. Mas os cantos existiam anteriormente à sua notação. Esta, não era, até então, mais que um meio de conservação e transmissão. A grande novidade surge ao final do século XII, estendendo-se mais ainda pelo século XIII. Impõe-se a ideia, chocante na época, de compor diretamente sobre o papel (na verdade, possivelmente, na placa de ardósia) uma música que jamais fora ouvida anteriormente; (...)." DELALANDE *in* VALENTE (2007), p. 35.

2 – Alguns pesquisadores já relatam e trazem dados de atuações autônomas de artistas perante o mercado da música desde meados dos anos 2000. Porém, como essa definição, a maioria retrata isso como uma iniciativa isolada, somente à margem do circuito industrial "principal", o que já não é mais o caso. Ver mais em DE MARCHI (2005), p. 4.

3 – Em seu livro *Criatividade e processos de criação*, considera a criação como um ato humano intrínseco além da arte em si, compreendendo também uma visão política, histórica e filosófica. Nesse contexto, e segundo conversas com outros artistas como Estrela Leminski e Alice Ruiz, podemos inferir que a raiz semântica das palavras "criar" e "crise" pode ser a mesma mostrando justamente que a criação pode ser fruto de uma crise, e esta nada mais é do que um esgotamento de algo que exige uma nova perspectiva, um rearranjo criativo. Enfim, para se pensar.... Ver mais em OSTROWER (1978).

REFERÊNCIAS BIBLIOGRÁFICAS

REFERÊNCIAS BIBLIOGRÁFICAS

ABMI – ASSOCIAÇÃO BRASILEIRA DA MÚSICA INDEPENDENTE. Disponível em: <www.abmi.com.br>.

ABPD – ASSOCIAÇÃO BRASILEIRA DE PRODUTORES DE DISCOS. Relatório da ABPD 2009/2010. Disponível em: <www.abpd.org.br>.

ABPD – ASSOCIAÇÃO BRASILEIRA DE PRODUTORES DE DISCOS. Relatório da ABPD 2014. Disponível em: <www.abpd.org.br>.

ADORNO, Theodor W.; HORKHEIMER, Max. **Dialética do esclarecimento**. Rio de Janeiro: J.Z.E., 1985.

ALMEIDA, Marcelo de. **Como o homem registrou o som**. Disponível em: <http://www.jornalmovimento.com.br/marcelo1.htm>.

ANDERSON, Chris. **A cauda longa: do mercado de massa para o mercado de nicho**. Rio de Janeiro: Elsevier, 2006.

BAHIANA, Ana Maria . **Nada será como antes: MPB nos anos 1970 (30 anos depois)**. Edição revista. Rio de Janeiro: Senac, 2006.

BALDELLI, Débora. **A Música eletrônica dos DJs e a produção de uma nova escuta**. Disponível em: <http://www.iaspmal.net/wp-content/uploads/2011/12/DeboraBaldelli.pdf>.

BANDEIRA, Messias G. **A economia da música online: propriedade e compartilhamento da informação na sociedade contemporânea**. Disponível em: <www.rp-bahia.com.br/biblioteca/pdf/MessiasBandeira.pdf>.

BARBALHO, Alexandre. **Políticas culturais no Brasil: identidade e diversidade sem diferença**. Disponível em: <http://www.cult.ufba.br/enecult2007/AlexandreBarbalho.pdf>.

BARROS, Monique P. I. **Futuro da indústria fonográfica brasileira diante da pirataria e da música digital**. Dissertação de Mestrado. Disponível em: <http://www.maxwell.vrac.puc-rio.br/4820/4820_1.PDF>.

BICALHO, Ricardo. **A grande indústria fonográfica morreu**. MEIO BIT. 17-07-2007. Disponível em: <http://meiobit.com/11595/a-grande-industria-fonogr-fica-morreu/>.

BLOG DA TRATORE. **Por que demoramos sete anos para quebrar um recorde**. Disponível em: <https://tratore.wordpress.com/2015/08/04/julho2015>.

BÔSCOLI, João M. **A nova produção independente: o futuro da música em 2003**. Disponível em: <http://www.trama.com.br/portalv2/noticias/index.jsp?id=1041>.

CASTELLO BRANCO, Marcello. **Marcello Castello Branco e a polêmica do** *streaming.* Depoimento. Disponível em: <http://www.portalsucesso.com.br/noticias/artigo-marcelo- -castello-branco-e-polemica- streaming>.

CAMPO, Juan A. V. **Historia de la musica en España e Hispanoamérica.** 1. ed. Madri: FCE, 2009. CASTELLS, Manuel. A era da informação: economia, sociedade e cultura – a sociedade em rede 1. 7. ed. São Paulo: Paz e Terra , 2003.

CASTRO, Ruy. **Chega de saudade: a história e as histórias da bossa nova.** São Paulo: Companhia das Letras ,1990.

CAZES, Henrique. **Choro: do quintal ao Municipal.** São Paulo: Editora 34, 1998. CERN – European Organization for Nuclear Research. Disponível em: <http://cernsearch.web.cern. ch/cernsearch/Default.aspx?query=world%20wide%20web>.

COSTA, Alda C. S. da et al. **Indústria cultural: revisando Adorno e Horkheimer.** Disponível em: <http://www.cristhianlima.com.br/wp-content/uploads/2011/11/ IND%C3%9ASTRIA-CULTURAL- REVISANDO-C%C3%B3pia.pdf>. Belém.

DANTAS, Danilo F. **MP3, a morte do álbum e o sonho de liberdade da canção?** Disponível em: <http://www.rp-bahia.com.br/biblioteca/pdf/DaniloFragaDantas.pdf>.

DARBILLY, Leonardo V. C. **O mercado fonográfico no Brasil: alterações nas relações de poder a partir do desenvolvimento tecnológico e da pirataria virtual.** Disponível em: < http:// bibliotecadigital.fgv.br/dspace/handle/10438/3310>.

DE MARCHI, Leonardo. **A angústia do formato: uma história dos formatos fonográficos.** In: E- Compós, n. 2, 2004.

_____ . **Do marginal ao empreendedor: transformações no conceito de produção fonográfica independente no Brasil.** In:E-Compós, n.1, 2006a, p.121-140, v.9.

_____ . **Indústria fonográfica e a nova produção independente: o futuro da música brasileira?** São Paulo: In: Comunicação,Mídia e Consumo, n.7, 2006b, p.167-182, v.3.

_____ . **Indústria fonográfica independente brasileira: debatendo um conceito.** Disponível em: <http://www.portcom.intercom.org.br/pdfs/160893888482936528749 74000878847466153·2.pdf>.

_____ . **A organização da indústria fonográfica brasileira nas redes digitais: concentração sem centralização das empresas eletrônicas fonográficas,** Porto Alegre, n. 1, jan.- abr.2014, p. 80-99, v.21.

REFERÊNCIAS BIBLIOGRÁFICAS

DIAS,Marcia R. T. **Sobre mundialização da indústria fonográfica no brasil: anos 1970-90.** Disponível em: <http://www.bibliotecadigital.unicamp.br/document/?code=000120831&fd=y>.

_____ . **Os donos da voz: indústria fonográfica brasileira e mundialização da cultura.** São Paulo: Boitempo, 2000.

FALCÃO, Joaquim. **A indústria fonográfica e o marketing do medo.** Disponível em: <http://www.culturalivre.org.br/index.php?Itemid=47&id=104&option=com_content&task=view>.

FREIRE FILHO, João. **Música, identidade e política na sociedade do espetáculo. Interseções.** Revista de Estudos Interdisciplinares 5. n. 2, Porto Alegre: UFRGS, p. 303-327.

FRITH, Simon. **La industria de la música popular.** In: FRITH, S. et al. **La Otra Historia del Rock: Aspectos clave del dessarrollo de la música popular: desde las nuevas tecnologías hasta la política y la globalización.** Barcelona: Ediciones Robinhook, 2006.

_____ . **The Sociology of Rock.** Londres: Constable and Company, 1978.

FUNARTE-CÂMARA E COLEGIADO SETORIAL DE MÚSICA. **Relatório de atividades 2005- 2010.** Disponível em: <http://www.fundacaocultural.ba.gov.br/conferenciassetoriais/2011/documentos/plano-setorial-de- musica.pdf>.

FUNDAÇÃO CARLOS ALBERTO VANZOLINI. **Estimativa do mercado independente: Relatório final.** São Paulo, 2012, p.14.

GROUT, Donald; PALISCA, Claude; FARIA, Ana Maria (trad.). **História da música ocidental.** Lisboa: Gradiva ,1997.

HARVEY, David. **A condição pós-moderna.** São Paulo: Loyola ,1989.

HERSCHMANN, Micael; KISCHINHEVSKY, Marcelo. **Indústria da música – uma crise anunciada.** Disponível em: <www.portcom.intercom.org.br/pdfs/42741495011557876315517057920611331759.pdf>.

HEYLIN, Clinton. **Sgt. Pepper's Lonely Hearts Club Band – Um ano na vida dos Beatles e amigos.** São Paulo: Conrad, 2007.

INSTITUTO CULTURAL CRAVO ALBIN. **Dicionário Cravo Albin da música popular brasileira.** Disponível em: <http://www.dicionariompb.com.br/casa-edison/dados-artisticos>.

INSTITUTO DE PESQUISA ECONÔMICA E APLICADA; MINISTÉRIO DA CULTURA. **Economia e política cultural: acesso, emprego e financiamento.** Coleção Cadernos de Políticas Culturais 3. Brasília: IPEA, 2007, p. 317.

JAMBEIRO, Othon. **Canção de massa: as condições da produção.** São Paulo: Pioneira, 1975. JENKINS, Henry. **A cultura da convergência.** São Paulo: Aleph, 2008.

KFOURI, Maria L. **1° encontro nacional de música independente.** Disponível em: <http://www.clubedejazz.com.br/noticias/noticia.php?noticia_id=617>.

KRAUSCHE, Valter A. **Música popular brasileira da cultura de roda à música de massa.** São Paulo: Brasiliense, 1983.

LAUS, Egeu. **A capa de disco no Brasil: os primeiros anos.** Disponível em: <http://www.esdi.uerj.br/arcos/imagens/acervo_egeu(102a126).pdf>.

LEAL, Romana d'A. R. dos S. **Erros de marketing no mercado fonográfico: o caso da queda na vendagem de CD's.** Disponível em: <http://www.ftc.br/revistafsa/upload/20-06-2005_11-50-42_Romana-cd.pdf>.

LEMINSKI, Estrela; RUIZ, Téo. **Contra-Indústria.** Belo Horizonte: Selo Editorial , 2006.

_____ . **Grandes gravadoras e o surgimento da música independente no Brasil.** Trabalho apresentado em XIX Congresso da Associação Nacional de Pesquisa e Pós-Graduação em Música. Curitiba, 2009.

LEMOS, Ronaldo et al. **Tecnobrega: O Pará reinventando o negócio da música.** Rio de Janeiro: Aeroplano, 2008.

LOPES, Andrea M. V. A. **A cena musical paulistana dos anos 1980 e o selo independente Baratos Afins.** Trabalho de Curso de Especialização. Curitiba: FAP, 2004.

_____. **A música independente e a vanguarda paulista.** Trabalho apresentado no IIIo Fórum de Pesquisa Científica em Arte. Curitiba: Escola de Música e Belas Artes do Paraná, 2005.

MIDDLETON, Richard; MANUEL, Peter. **Popular music. Mass media and the cultural economy of popular music.** In: The New Grove Dictionary of Music and Musicians, 2001

LIRA PAULISTANA E A VANGUARDA PAULISTA: Um documentário musical. Direção: Riba de Castro. Produção: Pirata Creative. Coprodução: Busca Vida Filmes; TV Cultura. DVD (97 min.), São Paulo, 2012.

MINC. Disponível em <www.cultura.gov.br>.

MONTEIRO, Márcio. **Autônomos on-line: a produção musical independente do Maranhão no portal palco Mp3.** Disponível em: <http://www.intercom.org.br/papers/regionais/nordeste2008/resumos/R12-0281-1.pdf>.

REFERÊNCIAS BIBLIOGRÁFICAS

_____ . MP3 – demonstrativo e a cauda longa da música independente: apontamentos sobre a circulação da música independente através da internet. Disponível em: <www.cencib.org/simposioabciber/PDFs/CC/Marcio%20Monteiro.pdf>.

MORELLI, Rita de C. L. **O campo da MPB e o mercado moderno de música no Brasil: do nacional-popular à segmentação contemporânea**, v. 10, n. 16. Uberlândia: ArtCultura, 2008, p. 87-101.

MUGNAINI Jr., Ayrton. **Enciclopédia das músicas sertanejas**. São Paulo: Letras & Letras, 2001.

MURGEL, Ana C. A. T. **Alice Ruiz, Alzira Espíndola, Tetê Espíndola e Na Ozzetti: produção musical feminina na vanguarda paulista**. Trabalho de Mestrado. Campinas: Unicamp, 2005.

NAPOLITANO, Marcos. **História & música**. São Paulo: Autêntica, 2000.

_____ . **Seguindo a canção: engajamento político e indústria cultural na MPB (1959-1969)**. São Paulo: Annablume/ Fapesp, 2001.

NAVES, Santuza C. **Da bossa-nova à tropicália: contenção e excesso na música popular**, RBCS, v.15, n. 43, 2000.

NEGUS, Keith. **Los generos musicales y la cultura de las multinacionales**. Madri: Paidos Iberica, 2005.

ORTIZ, Renato. **A moderna tradição brasileira: cultura brasileira e indústria cultural**. São Paulo: Brasiliense, 1988.

OSTROWER, Fayga . **Criatividade e processos de criação**. Rio de Janeiro: Vozes, 1978.

PAIXÃO, Lucas F. da. **A indústria fonográfica como mediadora entre música e sociedade**. Curitiba: UFPR, 2013.

PAIVA, José E. R. de. **Uma análise crítica da relação música/tecnologia do pós-guerra até a atualidade.** Disponível em: <http://www.bibliotecadigital.unicamp.br/document/?code=vtls000049084>.

PICCINO, Evaldo. **Um breve histórico dos suportes sonoros analógicos: surgimento, evolução e os principais elementos de impacto tecnológico.** Disponível em: <http://www.sonora.iar.unicamp.br/sonora1/artigos_pdf/02SuportesAnalogicos.pdf>.

PRESTES FILHO, L. C. (org). **Cadeia produtiva da economia da música**. Rio de Janeiro: Instituto Gênese, 2005.

PRIMEIRO ENCONTRO NACIONAL DE MÚSICA INDEPENDENTE. **Atas e relatórios do encontro.** Curitiba: Canal da Música, 2008.

REDAÇÃO. **Indústria de música cai 7% no mundo em 2009, mas cresce no Brasil.** IDG NOW. Disponível em: <http://idgnow.com.br/internet/2010/04/28/industria-de-musica--cai-7-no-mundo-em- 2009-mas-cresce-no-brasil/>.

REDAÇÃO. **Música digital para salvar a indústria do disco.** O GLOBO, Rio de Janeiro, 29-05-2006, Clipping. Caderno 2.

REUTERS, O GLOBO. **Gravadoras iniciam processo contra downloads ilegais.** Disponível em: <http://oglobo.globo.com/tecnologia/mat/2006>. Rio de Janeiro: Globo Online, 2006.

RODRIGUES, André R. **Vanguarda Paulista, um paradoxo da indústria cultural.** Disponível em: <http://www.akamu.net/file/rodrigues.pdf>.

SALDANHA, Rafael M. **Estudando a MPB: reflexões sobre a MPB, nova MPB e o que o público entende por isso.** Disponível em: <https://bibliotecadigital.fgv.br/dspace/handle/10438/2618>.

SANCHES, Pedro A. **Indústria fonográfica reclama da pirataria e prevê extinção do mercado.** Disponível em: <http://www1.folha.uol.com.br/folha/ilustrada/ult90u15826.shtml>.

SANTAELLA. Lúcia. **As linguagens como antídotos ao midiacentrismo.** MATRIZes, p.75-98, 2007. V.1. Disponivel em: <http://www.matrizes.usp.br/index.php/matrizes/article/view/27>.

SANTINI, Rose M. de O.; LIMA, Clovis R. M. de. **Difusão de música na era da Internet.** Disponível em: <http://www.gepicc.ufba.br/enlepicc/pdf/ClovisMontenegroDeLimaRose-Santini.pdf>.

SANTOS, Christiano R. dos; BESSA, Karla A. M. **Interface entre os suportes sonoros e as novas hierarquias simbólicas e econômicas no cenário musical brasileiro contemporâneo** 1, n. 8. Uberlândia: Horizonte Científico.

SANTOS. Otávio L. S. **As transformações da escuta a partir da utilização das mídias portáteis.** Disponível em: <http://www3.eca.usp.br/sites/default/files/form/ata/pos/ppgmus/otavio_santos- sonologia.pdf>.

SHUKER, Roy. **Vocabulário de música pop.** São Paulo: Hedra, 1999.

SILVA, Edison de. **Origem e desenvolvimento da indústria fonográfica brasileira.** Disponível em: <http://www.intercom.org.br/papers/nacionais/2001/papers/NP6SILVA.pdf>.

REFERÊNCIAS BIBLIOGRÁFICAS

SOUZA, Claudio M. de. **Música pop, e-music, mídia e estudos culturais** 1. Revista Eletrônica UNIJORGE, 2002.

SOUZA, Bruno E. P. de. **A música na cultura da convergência. As novas mídias transformando o mercado fonográfico.** São Paulo: Universidade Anhembi Morumbi, 2011.

TAPSCOTT, Don. **A hora da geração digital.** Rio de Janeiro: Agir, 2010.

THÉBERGE, Paul. **The sound of music: technological rationalization and the production of popular music.** New Formations, n. 8.

TINHORÃO, José Ramos. **História social da música popular brasileira.** São Paulo: Editora 34, 1998.

_____. **Música popular: um tema em debate.** 3. ed. São Paulo: Editora 34, 1997.

TOLEDO, Heloísa M. dos S. **Produção independente de música nos anos 1990 – tecnologia e terceirização: bases para o sistema aberto de produção.** Disponível em: <http://producaomusicalindependente.blogspot.com.br/2011/02/producao-independente-de-musica- nos.html>.

TRINDADE, M. **Na boca do LOBO (entrevista com Lobão).** Revista Bravo, São Paulo, abr--jun, 2005, p. 57-62.

TROTTA, Felipe; MONTEIRO, Márcio. **O novo mainstream da música regional: axé, brega, reggae e forró eletrônico no Nordeste** 11, n. 2, Brasília: Revista da Associação Nacional dos Programas de Pós- Graduação em Comunicação – E-Compós, 2008, p. 1-15.

VALENTE, Heloisa de A. D. **A canção das mídias: memória e nomadismo.** Disponível em: <http://www.iaspmal.net/wp-content/uploads/2011/12/Duarte2.pdf>.

_____ . **Música e mídia – novas abordagens sobre a canção.** São Paulo: Via Lettera/ FAPESP, 2007.

VAZ, Gil N. **História da música independente.** São Paulo: Brasiliense, 1988.

VIANNA, Hermano. In: PORTO, B. **A rua é a internet.** O Globo, Rio de Janeiro: Megazine, 13.

_____ . **Filosofia do Dub.** Folha de S.Paulo, p. 4-6.

_____ . **O mundo funk carioca.** Rio de Janeiro: Jorge Zahar, 1987.

VICENTE, Eduardo. **A música popular e as novas tecnologias de produção musical: uma análise do impacto das tecnologias digitais no campo de produção da canção popular de massas.** Campinas: Unicamp, 1996.

_____ . **A vez dos independentes(?): um olhar sobre a produção musical independente do país.** Revista da Associação Nacional dos Programas de Pós-Graduação em Comunicação – E-Compós, Brasília, 2006, p. 2-19.

_____. **Música independente no Brasil: uma reflexão.** Disponível em: <http://www.portcom.intercom.org.br/pdfs/49335008949277938986592713214137599956.pdf>.

_____ . **Organização, crescimento e crise: a indústria fonográfica brasileira nas décadas de 60 e 70.** Revista de Economía Política de las Tecnologias de Información y Comunicación, n.3, 2006b, v. 8.

ZAN, José Roberto. **Da roça a Nashville.** Revista do Núcleo de Desenvolvimento da Criatividade. n.1, Campinas: Unicamp, 1995.

_____ . **Música popular brasileira, indústria cultural e identidade,** n. 1, São Paulo: EccoS Rev. Cient., UNINOVE, 2001, p. 105-122, v.3.

Deixe seu recado após o sinal...

contato@whoisproducoes.com.br

whoisproducoes.com.br